독자의 1초를
아껴주는 정성을
만나보세요!

세상이 아무리 바쁘게 돌아가더라도 책까지 아무렇게나 빨리 만들 수는 없습니다.
인스턴트 식품 같은 책보다 오래 익힌 술이나 장맛이 밴 책을 만들고 싶습니다.
땀 흘리며 일하는 당신을 위해 한 권 한 권 마음을 다해 만들겠습니다.
마지막 페이지에서 만날 새로운 당신을 위해 더 나은 길을 준비하겠습니다.

INFURA SEKKEI NO THEORY

by JIEC Co., Ltd. IT Infrastructure Division Infura Sekkeikenkyu Team

Copyright © JIEC Co., Ltd. 2019

All rights reserved.

Original Japanese edition published by Ric Telecom, Tokyo.

This Korean language edition is published by arrangement with Ric Telecom, Tokyo in care of Tuttle-Mori Agency, Inc., Tokyo through Botong Agency, Seoul.

인프라 엔지니어의 교과서: 요구사항 분석과 설계

Theory of Infrastructure Design

초판 발행 • 2020년 12월 22일

지은이 • JIEC 기반엔지니어링사업부 인프라설계연구팀
옮긴이 • 이레이
감수 • 김성윤
발행인 • 이종원
발행처 • (주)도서출판 길벗
출판사 등록일 • 1990년 12월 24일
주소 • 서울시 마포구 월드컵로10길 56(서교동)
대표 전화 • 02)332-0931 | **팩스** • 02)323-0586
홈페이지 • www.gilbut.co.kr | **이메일** • gilbut@gilbut.co.kr

기획 및 책임편집 • 정지은(je7304@gilbut.co.kr) | **디자인** • 배진웅 | **제작** • 이준호, 손일순, 이진혁
영업마케팅 • 임태호, 전선하, 차명환, 지운집, 박성용 | **영업관리** • 김명자 | **독자지원** • 송혜란, 윤정아

교정교열 • 김윤지 | **전산편집** • 박진희 | **출력 및 인쇄** • 예림인쇄 | **제본** • 예림바인딩

ISBN 979-11-6521-382-4 93000   (길벗 도서번호 080214)

정가 22,000원

독자의 1초를 아껴주는 정성 길벗출판사

길벗 | IT실용서, IT/일반 수험서, IT전문서, 경제실용서, 취미실용서, 건강실용서, 자녀교육서
더퀘스트 | 인문교양서, 비즈니스서
길벗이지톡 | 어학단행본, 어학수험서
길벗스쿨 | 국어학습서, 수학학습서, 유아학습서, 어학학습서, 어린이교양서, 교과서

페이스북 • www.facebook.com/gbitbook

인프라
엔지니어의
교과서
요구사항 분석과 설계

THEORY OF
INFRASTRUCTURE
DESIGN

JIEC 기반엔지니어링사업부
인프라설계연구팀 지음
이레이 옮김 | 김성윤 감수

길벗

JIEC 기반엔지니어링사업부 인프라설계연구팀

나카무라 게이고(JIEC 기반엔지니어링사업부 시스템3부)

1999년 입사 이후 유닉스(UNIX) 계열 인프라 엔지니어로 일하며 금융, 보험, 유통 등 다양한 업종에서 시스템을 설계하고 구축했습니다. 웹 애플리케이션 서버 기술도 뛰어나 고객에게 두터운 신뢰를 얻고 있습니다. 이 책의 전체적인 내용을 검토했고 리뷰를 담당했습니다.

가족으로 아내와 2남 1녀가 있습니다. 아이와 함께 조깅하면서 흥미를 느껴, 취미로 도쿄와 요코하마의 마라톤 대회를 완주할 정도의 실력을 갖추었습니다.

요시다 다케미(JIEC 기반엔지니어링사업부 시스템1부)

지금까지 서버, 네트워크 장비, 각종 소프트웨어 등 제품 판매와 IT 관련 고객의 요구사항이나 과제를 최적의 형태로 해결할 수 있는 솔루션 제안 등 영업 업무부터 모 지자체 클라우드 서비스 인프라 구축, 운영, 유지보수 등 인프라 SE 업무까지 폭넓게 경험했습니다. 현재는 모 은행의 개발 프로젝트 환경 운영 및 유지보수 업무 팀의 리더로 활약하고 있습니다. 취미는 아홉 살부터 시작한 축구의 연장선인 풋살이며, 언젠가 경기장에서 화려한 터치로 딸에게 골을 어시스트해 주고 싶어 합니다.

나카니시 히데노리(JIEC 기반엔지니어링사업부 시스템1부)

벤더 회사에서 보안 솔루션을 다루는 것을 시작으로 대규모 네트워크 운영 및 모니터링 시스템의 설계와 구축, 웹 시스템 개발 등 다양한 업무 경험을 쌓았습니다. 이것을 바탕으로 '요구사항 정의'부터 '운영 및 품질 관리'까지 일련의 업무를 담당하고 있습니다. 현재는 모 외국계 IT 기업에서 거시적 관점에서 시스템 전체 균형을 생각하여 사용자가 원하는 요구사항이 무엇인지 파악하며 인프라를 중심으로 한 요구사항 정의와 개발 추진 업무를 진행합니다. 앞으로 IT 산업에 참여하고 싶은 사람이나 현재 성장을 고민하는 사람에게 서포터가 되는 것을 목표로 매일 정진하고 있습니다.

히키츠구 미츠테루(JIEC 비즈니스기획개발본부 솔루션개발부)

1993년 입사한 이후로 시스템 엔지니어로서 여러 은행의 시스템 인프라를 구축했습니다. 2017년 부터 AI, 클라우드를 활용한 신규 서비스 기획, 개발 업무를 진행하며 2018년 봄에 AI 문의 지원 서비스 'manaBrain'을 출시했습니다. 두 살배기 아들을 매우 사랑하며 개인 SNS는 이미 육아 일기가 되었습니다.

집필에 도움을 주신 분

- 사카시타 히데히코(JIEC 경영추진본부 경영추진실)
- 야나기타 케히로(JIEC 기반엔지니어링사업부 시스템1부)
- 후지모리 류이치(JIEC 기반엔지니어링사업부 시스템3부)
- 오가와 노부아키(JIEC 기반엔지니어링사업부 시스템1부 부장)
- 호사카 히토시(JIEC 기반엔지니어링사업부 사업부장)

회사 소개

주식회사 JIEC(https://www.jiec.co.jp/)

1985년 창업 이래 '전문 서비스(professional services)'를 핵심 가치로 내걸고 고객과 파트너에게 만족을 주는 기술 및 품질을 추구하며 연구에 힘씁니다. 또한, 난이도 높은 대규모 정보 시스템 구축에 많은 경험과 실적이 있습니다. 지금까지 다양한 정보 시스템 구축으로 얻은 기술력과 노하우를 바탕으로 고객의 IT 요구사항에 대응하는 동시에 새로운 기술을 활용하여 적극적으로 제안하고 고객의 지속적인 베스트 파트너가 되는 것을 목표로 하고 있습니다.

지금은 언제 어디서나 인터넷에 접속하여 필요한 정보를 찾아보고 SNS, 메신저, 이메일 등 다양한 애플리케이션으로 사람들과 쉽게 연락을 주고받을 수 있는 시대입니다. 우리가 일상에서 접하는 IT 서비스는 컴퓨터 환경과 애플리케이션 기술이 발전함에 따라 진화했습니다. 그리고 시스템은 더욱 다양하고 복잡해졌는데, 시스템 토대가 되는 인프라를 제대로 설계하고 구축하는 것이 매우 중요합니다.

하지만 인프라는 일반적인 개발 영역과 달리 단기간에 습득하기 어려운 분야고, 적절한 인프라를 구축하려면 고급 지식과 기술, 풍부한 경험이 필요합니다. 저 또한 거대한 인프라를 기반으로 운영되는 다양한 시스템 구축 사업을 진행하며 인프라의 중요성과 어려움을 매번 느끼고 있습니다. 특히 시스템 인프라를 구축할 때는 요구사항을 명확히 정의하는 것이 가장 중요하며 요구사항 정의는 전체적인 시스템 품질에도 큰 영향을 미칩니다. 또 요구사항을 구현하는 시스템의 구조와 사양을 상세하게 결정하는 설계 단계도 매우 중요합니다.

이 책은 시스템을 설계하거나 구축할 때 인프라 엔지니어가 해야 하는 업무 내용을 현역 인프라 엔지니어 시점에서 정리합니다. 따라서 인프라 설계에 대한 고급 지식과 기술 경험이 많지 않아도 인프라 요구사항 정의를 어느 정도 수준까지 도출할 수 있게 정보를 제공합니다.

저 또한 이 책을 번역하면서 기존 지식을 정리하는 계기가 되었으며 더 자세히 알 수 있는 공부가 되었습니다. 독자도 이 책으로 인프라 설계 및 구축에 대한 막연한 두려움을 떨치고 이해도와 친밀도를 높이는 데 도움이 되었으면 합니다.

마지막으로 언제나 좋은 책을 출판하는 길벗출판사 관계자분들과 번역 작업에 아낌없는 도움과 지지를 보내 주신 주변의 많은 분께도 지면을 빌려 감사의 마음을 전합니다.

이레이(Ray Lee)

개인용 컴퓨터의 수가 인구수보다 많아지고, 스마트폰의 보급으로 인터넷은 없어서는 안되는 생활의 일부가 되었습니다. 컴퓨터나 스마트폰에서 사용하는 웹 사이트, 이메일, SNS, 동영상 등 다양한 서비스는 회사나 단체가 운영하는 컴퓨터(서버)로 제공됩니다. 이런 서비스는 대부분 프로그래밍 언어로 개발된 애플리케이션의 대화형 사용자 인터페이스(conversational user interface)를 제공합니다.

24시간 365일 서비스하는 웹 사이트를 늘리고 사용자가 다양한 기능을 항상 편안하게 사용하려면 서버가 안정적으로 계속 가동되어야 하는데, 이는 중요합니다. 그러기 위해서는 요청이 대량으로 집중되더라도 적당한 응답 속도로 처리할 수 있는 충분한 성능과 고장 같은 예상치 못한 문제에서도 서비스를 계속 지속할 수 있는 구조를 가진 환경을 준비해야 합니다. 컴퓨터 업계에서는 이런 '환경', 즉 컴퓨터의 기능과 데이터를 가동하고 유지하는 설비, 장비, 시스템 등 리소스를 총칭하여 '인프라(infrastructure)'라고 합니다.

일반적으로 시스템을 개발할 때 애플리케이션뿐만 아니라 인프라도 계획, 요구사항 정의, 설계, 구축 및 테스트의 흐름으로 진행되지만, 인프라는 애플리케이션과 다르게 눈에 띄는 기능이나 효과를 제공하지 않으므로 요구사항을 어떤 형태로 정리할지 결정하기 어렵습니다.

그래서 이 책에서는 인프라에서 요구되는 요구사항을 항목별로 도출하고 분류하여 '가시화'하고, 구체화된 요구사항을 바탕으로 과하거나 모자라지 않게 정리할 수 있게 합니다. 그리고 검토부터 설계까지 어떤 관점에서 점검하고 어떻게 정리하는지 살펴봅니다. 이 책은 특정 업체나 솔루션에 특화된 내용으로 설명하지 않습니다. 다양한 사례에 적용할 수 있게 하는 것이 목표이므로 생각의 기준이 되도록 정리했습니다. 처음 인프라를 담당하는 사람뿐만 아니라 앞으로 설계 및 상위 단계를 맡을 사람에게도 기초 지식을 습득하는 데 도움이 되도록 구성했습니다.

책의 구성

이 책은 크게 두 부분으로 구성됩니다. 전반부에서는 설계 이전 단계를 설명하고, 후반부에서는 설계 단계를 설명합니다.

1장에서는 먼저 인프라 구축의 전체적인 모습을 살펴봅니다.

2~3장에서는 설계의 전제 사항이 되는 요구사항 정의 단계(경우에 따라서는 더 이전의 검토 단계)에서 인프라 설계의 바탕이 되는 인프라 요구사항을 어떤 형태로 결정할지 살펴봅니다. 시스템을 구축하는 각 단계에서 인프라 구축 담당자의 주요 작업을 정리하고 인프라를 설계할 때의 입력 정보를 보여 주며 기능 요구사항과 비기능 요구사항도 각각 살펴봅니다. 그리고 비기능 요구사항을 정리하고자 비기능 요구사항 등급의 정의 항목을 설명합니다. 마지막으로 이런 요구사항을 바탕으로 시스템 구성과 개발 기능을 명확히 하는 접근 방법을 살펴봅니다.

4장 이후 후반부에서는 인프라 설계를 자세히 살펴봅니다. 비기능 요구사항의 항목(가용성, 성능, 확장성, 운영 및 유지보수성, 보안)별로 설계의 주요 패턴, 선택 기준과 설계할 때 고려 사항 등을 살펴봅니다.

이 책에서는 개방형 시스템(open system)의 시스템 인프라(기반, 운영) 영역을 대상으로 주로 요구사항 정의부터 기본 설계까지 단계 범위를 포함하고 있습니다. 이 책을 읽는 것만으로도 개방형 시스템 구성의 시스템 구현에 대해 좀 더 잘 이해할 수 있고, 인프라 설계의 구체적인 고려 사항과 사고방식의 주요 핵심 포인트를 찾을 수 있습니다. 실제 업무에서 인프라를 설계하거나 구축하는 독자에게 도움이 된다면 그 이상 행복한 일은 없을 것 같습니다.

저자

베타 리딩 후기

컴퓨터 비전공자이며 신입 개발자라 단편적으로 개발을 배우다 보니 전체적인 흐름을 정리할 기회가 없었고, 종종 업무 회의를 못 따라 갈 때도 있었습니다. 하지만 베타를 계기로 어느 정도 흐름을 정리할 수 있었습니다. 이 책에서 이야기하는 프로세스대로 모든 절차가 실무에서 진행되는 것은 아니지만, 흐름은 일맥상통합니다. 따라서 시스템 개발에 대한 큰 틀로 프로세스를 파악하고 정리할 수 있습니다.

책 제목은 〈인프라 엔지니어의 교과서〉이지만, 개발 관련 업무를 하는 사람이라면 꼭 보았으면 좋겠습니다. 프런트엔드, 백엔드, DBA, 데이터 분석가, 데이터 엔지니어에 상관없이 개발 프로세스의 한 부분을 맡아서 일을 진행하는 모든 포지션의 주니어 혹은 예비 실무자에게 도움이 많이 될 것입니다. 저와 같은 예비 개발자 또는 주니어 개발자에게 추천합니다.

장대혁_머신 러닝&자연어 처리 엔지니어

개발자로 계속 일하다 보면 어느새 새로운 개발보다는 기존 소프트웨어의 유지보수가 더 중요하다는 것을 깨닫는 시점이 옵니다. 하지만 개발자로서 늘 새로운 트렌드에 맞추어 기술을 배우고 공부하기 때문에 과거 기술로 만들어진 소프트웨어에 대한 관리나 유지보수를 어떻게 해야 하는지 모르는 경우가 많습니다.

단순히 구현 단계에서 소프트웨어를 어떻게 구축하는지, 유지보수할 수 있는지에 대한 책이 아닙니다. 새로운 인프라를 어떤 기준으로 설계해야 하는지 설명합니다. 그리고 이를 바탕으로 이미 만들어진 인프라도 어떻게 관리할 수 있는지 알 수 있습니다.

소프트웨어 개발자이기에 IT 인프라를 어떻게 구현하고 관리하는지 이해하는 것만으로도 이후 사용자(IT 인프라 관리자) 들을 배려할 수 있는 소프트웨어를 구현할 수 있습니다. 이런 관점에서 의의가 있는 책이라고 생각합니다.

오정민_개발자

이 책은 인프라 설계 이론에 집중합니다. 신입 개발자인 저에게는 상당히 생소한 부분이 많았습니다. 책을 읽기 전에는 '개발자가 인프라까지 알아야 할까?'라고 생각했지만, 막상 읽어 보니 내가 만든 코드를 고객에게 더 잘 전달하려면 인프라가 중요하다는 것을 알게 되었습니다. 또 단순히 코드만 작성하고 클라우드에 올리면 서비스가 되는 줄 알았는데, 서비스를 고객에게 제공하려면 굉장히 많은 요소를 고려해야 한다는 것에 놀랐습니다.

클라우드를 이용하여 개발자가 직접 인프라를 구현할 수 있는 시대가 왔습니다. 내가 만든 서비스를 잘 만들려면 인프라 (설계)부터 알아야 합니다. 신입 개발자 혹은 개발자로 취업하길 희망하는 사람, 클라우드 시대에 인프라는 먼 이야기로 생각한 사람에게 추천합니다.

정재만_개발자

베타 리딩 후기

더 편리한 인프라 환경을 갖추면서 소프트웨어 개발자가 인프라를 이해하고 구축·관리하는 경우가 늘고 있습니다. 개발자가 단순히 개발만 해서는 안 되는 시대고, 인프라 이해는 IT 엔지니어에게는 기본 역량이 되었습니다. 인프라를 구축할 때 가장 중요한 부분이 바로 요구사항 분석과 설계라고 할 수 있습니다. 이 책이 요구사항 분석과 설계 개념을 잡아 줄 좋은 길잡이가 되어 줄 것입니다.

허헌_개발자

0^장

IT 인프라란

0.1 IT 인프라란

'인프라(infra)'라는 말은 이제 우리 주변에서 흔하게 사용하는데, 예전보다 자주 듣습니다. 인프라는 인프라스트럭처(infrastructure)의 약자로 우리말로는 '기반'[1] 정도로 번역할 수 있습니다.

먼저 일상생활에서 인프라를 설명할 수 있는 몇 가지 예를 살펴보겠습니다.

1. 교통망

자동차를 안전하게 운행하려면 도로와 신호 등을 반드시 갖추어야 합니다. 철도, 선박, 버스 등도 이동 수단으로써 인프라라고 할 수 있습니다.

▼ 그림 0-1 교통망

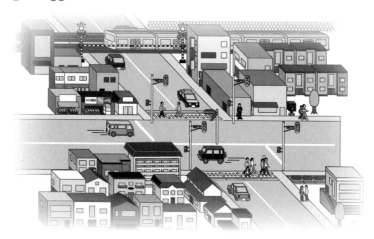

2. 통신망

멀리 떨어진 상대와 의사소통할 수 있는 전화나 인터넷 같은 통신망도 인프라라고 할 수 있습니다.

---

1   역주 인프라스트럭처(infrastructure)는 기반 시설 또는 기간 시설로 번역하며 도로나 하천, 항만, 공항 등 경제 활동 기반을 형성하는 기초적인 시설과 시스템을 의미합니다. IT 용어로는 컴퓨터와 사용자를 연결하는 물리적인 하드웨어나 서로 연결된 하드웨어와 소프트웨어를 지칭하기도 합니다.

❤ 그림 0-2 통신망

3. 라이프라인

수도, 전기, 가스 등은 우리가 편안하게 생활할 수 있는 환경을 제공하는 필수적인 인프라입니다.

❤ 그림 0-3 라이프라인[2]

---

2 역주 라이프라인(lifeline)이란 생활과 산업, 경제 활동의 기본 공간인 도시 기능의 근간으로 통신, 전력, 에너지, 상하수도, 운송 및 교통망 등
   선 형태로 네트워크를 구성하는 사회 기반 시설을 아우르는 말입니다.

즉, 일반적으로 인프라는 어떤 기능이나 서비스를 제공하는 데 뒷받침이 되는 토대와 구조를 의미합니다.

그럼 컴퓨터 시스템에서 인프라란 무엇일까요?

컴퓨터 시스템에서는 애플리케이션[3]을 이용하여 주식 거래, 쇼핑 등 서비스를 제공합니다. 그리고 사용자가 애플리케이션을 사용할 수 있게 서비스를 제공하는 환경을 IT 인프라라고 합니다.

IT 인프라 구성 요소의 예는 다음과 같습니다.

- 하드웨어(hardware)
- 네트워크(network)
- 운영 체제(operating system)
- 미들웨어(middleware)

현재는 개방형 시스템(open system)[4]이 보급되어 시스템 구성 요소가 복잡하고 다양해졌으며, 이에 따라 인프라 중요성도 더욱 높아졌습니다.

0.2 / IT 인프라의 역할

사용자가 불편 없이 서비스를 이용할 수 있도록 IT 인프라에는 다음 역할이 요구됩니다.

1. 안정적 서비스

2. 장애를 대비하는 기반 구조 구축

3. 충분한 성능

4. 확장성

5. 안전한 환경 구축

---

3 **역주** 애플리케이션(application)은 워드프로세서나 판매 관리 시스템 등 특정 업무에 맞게 개발된 소프트웨어를 의미합니다.

4 **역주** 개방형 시스템(open system)이란 설계 명세가 널리 공개되었고, 보편적으로 인정받았거나 표준화된 컴퓨터 및 통신 시스템을 의미합니다.

이제 이런 역할을 자세히 살펴봅시다.

1. 안정적 서비스

예를 들어 교통망이 혼잡하면 정체와 지연이 발생하고, 라이프라인이 끊기면 생활에 큰 지장을 줍니다.

마찬가지로 인프라가 불안정하면 서비스에 큰 지장을 주게 됩니다.

시스템은 서비스를 제공하는 동안에는 계속해서 정상적으로 가동되어야 합니다.

▼ 그림 0-4 안정적 서비스

언제든지
사용할 수 있어!

2. 장애를 대비하는 기반 구조 구축

지하철에서 사고가 발생하면 출퇴근하는 사람의 발이 묶이고 교통대란이 일어납니다. 충분히 정비하지 않은 도로는 사고로 이어집니다.

컴퓨터에서도 다양한 문제가 발생하며, 문제가 발생할 가능성을 0%로 만들 수는 없습니다. 따라서 인프라에서는 다음 목표로 인프라의 구성과 구조를 검토해야 합니다.

- 장애가 발생하더라도 대체 장비나 기능을 사용하여 서비스를 지속합니다.
- 장애를 신속하게 복구합니다.

▼ 그림 0-5 시스템 장애를 대비하는 기반 구조 구축

메인 시스템[5]에 중대한 장애가 발생하더라도
백업 시스템으로 전환하여 계속 서비스할 수 있다.

3. 충분한 성능

도로를 관리하는 도로교통공단은 교통량에 따라 차선의 수 등을 조정할지 검토합니다. 또 한국전력공사는 사용자에게 필요한 양을 공급할 수 있는 전력망을 정비합니다.

컴퓨터는 사용자가 스트레스를 받지 않고 쾌적하게 이용할 수 있는 성능을 제공할 수 있어야 합니다. 따라서 인프라는 수요량과 부하를 계산하여 용량을 충분히 확보해야 합니다.

▼ 그림 0-6 충분한 성능

---

5   역주 메인 시스템(main system)이란 시스템이 여러 서브시스템으로 구성되어 있을 때 핵심이 되는 시스템을 의미하며, 주 시스템이라고도 합니다.

4. 확장성

교통량이 증가하면 도로 확장이나 신설을 계획하고 이를 수행합니다. 또 한국전력공사도 사용자와 사용량의 변화에 대응하고자 발전소와 송전선 설비의 증축을 검토합니다.

시스템을 계속 운영하다 보면 기능 고도화 때문에 부하나 사용자 증가에 맞추어서 인프라 성능을 향상해야 할 때가 있습니다. 이때 기능을 추가하거나 확장하면 좀 더 고성능 및 고용량 인프라가 필요해집니다.

인프라 환경의 리소스 사양을 정할 때는 앞과 같은 내용을 기반으로 미래 수요에 대응하는 확장성을 가질 수 있게 검토해야 합니다.

▼ 그림 0-7 확장성

장비	최대 CPU 수	최대 메모리 용량
서버 A 제품	~8	64GB
서버 B 제품	~4	32GB

우리 회사의 쇼핑몰 시스템은 무서운 기세로 사용자가
증가하고 있어 3년 후에는 사용자가 2배로 증가할 것으로 예상돼.
차기 시스템은 확장성이 뛰어난 A 제품으로 구축하여
필요할 때 CPU와 메모리를 늘릴 수 있게 하자.

5. 안전한 환경 구축

도로에서는 사고를 방지하려고 신호와 교통 표지판을 세웁니다. 마찬가지로 라이프라인에서도 누전이나 가스 누출을 방지하는 설비를 갖추고 있습니다.

인터넷과 스마트폰이 보급되면서 컴퓨터 시스템을 이용하는 대상이 크게 증가했고, 개인과 기업의 중요한 정보가 인터넷에 떠다닙니다. 이와 같은 상황에서 사용자가 안심하고 서비스를 이용하려면 컴퓨터 시스템에 다음 환경을 구축해야 합니다.

- 인증 기능을 이용하여 사용자를 확인하고, 주어진 권한 내에서만 기능을 사용할 수 있게 합니다.
- 개인 정보나 거래 내용 같은 중요 데이터의 기밀성을 보장하고 제삼자에게 누출되지 않게 합니다.
- 해커나 컴퓨터 바이러스 등 위협에서 시스템을 보호합니다.

인프라를 설계할 때는 인증, 암호화 등 보안 기술부터 시스템 모니터링, 운영까지 보안 대책을 다각적으로 검토해야 합니다.

▼ 그림 0-8 안전한 환경 구축

다음 장에서는 인프라 설계를 본격적으로 배우기 전 단계인 시스템 구축 프로젝트의 전체 흐름을 살펴보겠습니다.

1^장

인프라 구축의
전체 흐름
(설계 이전 작업 I)

시스템 설계란 실제로 구축하기 전에 어떤 시스템을 어떤 방법으로 만들지 설계해서 자료로 정리하는 일로, 인프라 엔지니어가 수행하는 중요한 작업 단계입니다.

시스템 설계는 '어떤 목적을 갖고 어떤 시스템을 만들 것인가'라는 사용자의 다양한 요건을 도출하여 요구사항을 정의한 내용을 바탕으로 합니다. 따라서 요구사항 정의 단계에서 하는 작업 내용과 흐름을 이해하는 일은 인프라 엔지니어가 좋은 품질의 시스템을 설계하는 데 중요한 요소입니다.

1장에서는 인프라 설계를 배우기 전에 인프라 설계 이전 단계인 요구사항 정의를 중심으로 시스템 구축 프로젝트의 전체 흐름을 살펴봅니다(그림 1-1).

▼ 그림 1-1 시스템 구축 프로젝트의 전체 흐름

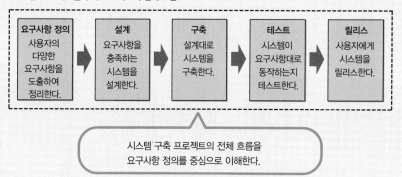

1.1 인프라 구축 흐름 1: 각 단계 흐름

시스템 구축 프로젝트의 전체적인 개발 흐름을 살펴보기 전에 개발 방법론인 '시스템 개발 모델'[1] 을 먼저 살펴보겠습니다.

시스템 개발 모델에는 '폭포수 모델', '프로토타입 모델', '애자일 개발 모델' 등 다양한 유형이 있습니다. 각 개발 모델의 개발 진행 방식과 설계 접근 방법은 서로 다릅니다. 이 절에서는 지금까지 가장 일반적으로 사용해 온 시스템 개발 모델인 '폭포수 모델'을 기반으로 인프라 설계와 관련한 다양한 내용을 살펴봅니다. 웹 사이트 등을 방문하면 각 개발 모델과 관련한 상세한 내용 및 많은 정보를 쉽게 얻을 수 있습니다.

폭포수 모델은 다음 ①~⑦의 일곱 단계를 순서대로 진행해 나갑니다. 그림 1-2에서 각 단계 흐름을 확인할 수 있습니다.

▼ 그림 1-2 폭포수 모델의 프로젝트 단계

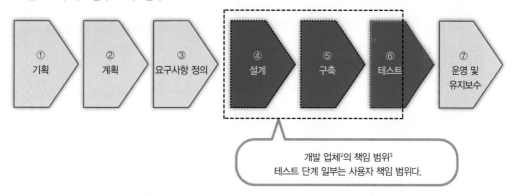

각 단계 개요는 다음과 같습니다.

① 기획 단계

기업 경영 과제를 해결하거나 경영 혁신 방안 등을 목적으로 시스템 구축 프로젝트를 기획하는 단계입니다.

---

1 역주 소프트웨어 개발 프로세스 모델(software development process models)이라고도 합니다.
2 역주 시스템 구축 프로젝트를 수주한 회사로 '수행사', '구축 업체'라고도 합니다.
3 역주 계약 내용에 따라 책임 범위는 다를 수 있습니다.

② **계획 단계**

프로젝트 개발 일정을 계획하고 회사/지역/조직/팀 같은 그룹의 역할 분담, 프로젝트 운영 방식 등을 명확하게 정하는 단계입니다.

③ **요구사항 정의 단계**

사용자 요구사항과 제약 조건을 파악하여 요구사항을 정리하는 단계입니다.

④ **설계 단계**

요구사항 정의 단계에서 정리한 요구사항을 구현하고자 시스템 개발에 대한 설계를 하는 단계입니다.

⑤ **구축 단계**

설계대로 시스템 구축 및 개발하는 단계입니다.

⑥ **테스트 단계**

개발 및 구축한 시스템이 요구사항대로 올바르게 동작하는지 다양한 측면에서 테스트하는 단계입니다. 테스트가 끝나면 드디어 시스템을 오픈할 수 있습니다.

⑦ **운영 및 유지보수 단계**

시스템을 오픈한 이후에는 안정적으로 가동하는 것을 목표로 운영과 유지보수를 수행합니다.

다음 절에서 각 단계의 상세한 내용을 알아보겠습니다.

1.2 인프라 구축 흐름 2: 기획 및 계획 단계

기업은 왜 프로젝트를 추진할까요? 대부분 기업에서는 '과제를 해결하고 싶다', '회사의 매출을 늘리고 싶다'처럼 어떤 명확한 목적이 있고 그 목적을 달성하려는 수단으로 새로운 시스템 구축 등 프로젝트를 추진합니다.

경영진은 급변하는 비즈니스 요구사항을 기업이 대응할 수 있도록 한정된 예산 안에서 어떤 목적으로 어느 정도의 비용을 투자해야 하는지 판단하면서 기업을 경영합니다. 따라서 투자에 대한 최종 판단은 경영진이 하며, 프로젝트 추진 여부도 경영진이 판단해서 최종적으로 결정합니다.

기획 단계 목표는 기업이 세운 목표를 달성할 수 있는 프로젝트를 추진하고자 기획서를 작성하고 경영진에게서 승인을 받는 것입니다. 이 단계에는 프로젝트를 추진하고자 기획서를 통과시키고 비즈니스 파트너가 되는 개발 업체와 계약을 체결하는 것까지 포함됩니다.

기획 단계의 전체 흐름을 살펴봅시다. 그림 1-3은 기획 단계 흐름입니다.

▼ 그림 1-3 기획 단계 흐름

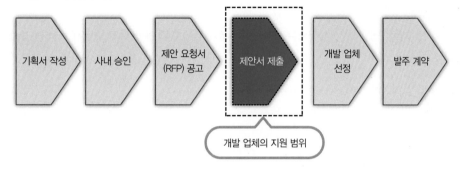

이제 기획 단계의 상세 흐름을 자세히 살펴보겠습니다.

1. 기획서 작성

프로젝트를 출범시키려면 먼저 그림 1-4와 같은 프로젝트 기획서를 작성해야 합니다.

▼ 그림 1-4 프로젝트 기획서 항목

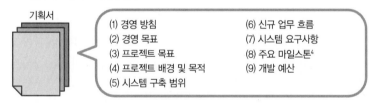

이 기획서는 프로젝트 목표, 즉 기업이 당면한 과제를 해결하는 방법을 생각한 후 이를 실행에 옮길 수 있도록 기획 및 계획한 내용을 담은 문서입니다. 프로젝트를 추진하려면 앞서 설명한 대로 기획서를 작성하고 내부 승인을 받아야 합니다.

경영진이 기획서를 승인하면 본격적으로 프로젝트를 시작합니다.

---

4 [역주] 마일스톤(milestone)이란 프로젝트 진행 과정에서 특별할 만한 사건이나 이정표를 의미합니다. 프로젝트 일정을 관리할 때 반드시 필요한 지점을 체크하는 데 사용합니다.

2. 비즈니스 파트너(개발 업체) 선정

프로젝트 출범 후에는 기획한 대로 시스템 개발을 수행하면서 프로젝트를 함께 진행할 비즈니스 파트너(개발 업체)를 선정해야 합니다. 사용자는 업무 전문가이지 시스템 개발 전문가는 아닙니다. 따라서 일반적으로 시스템을 개발하고 오픈한 이후에는 운영 및 유지보수를 하는 전문 개발 업체와 계약해야 합니다. 개발 업체와 계약할 때까지 흐름은 그림 1-5와 같습니다.

프로젝트를 출범시키려는 기업이 RFP(Request For Proposal)[5]라는 제안 요청서를 업체에 제시하면 각 업체는 이를 바탕으로 제안서를 작성합니다. 기업은 제안서를 작성한 업체 중에서 계약할 업체를 선정합니다.

RFP 제시부터 업체 선정까지 흐름은 다음과 같습니다.

▼ 그림 1-5 업체 선정 절차

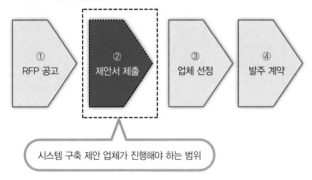

① RFP 공고

기업은 여러 업체에 RFP를 제시합니다. 하지만 실제로는 RFP 작성을 어려워하는 기업이 많아, 업체가 계약을 맺고 기업 입장을 대변하여 적극적으로 RFP 작성을 지원하는 경우도 드물지 않습니다. RFP 내용을 작성할 때 불명확한 내용이 있거나 필요한 정보가 있으면 RFI(Request For Information)[6]라는 정보 제공 요청서를 보내 후보 업체에 추가적인 정보 제공을 요청할 수 있습니다.

② 제안서 제출

RFP 정보를 바탕으로 업체는 제안서를 작성하여 기업에 전달합니다.

---

5 [역주] RFP(제안 요청서)는 발주자가 특정 과제를 수행할 때 필요한 요구사항을 체계적으로 정리하여 제시한 문서로, 제안자가 제안서를 작성하는 데 도움을 주는 문서입니다.

6 [역주] RFI는 사전 정보 요청이라고도 하며, 발주자가 RFP를 작성 전에 프로젝트 계획 및 수행에 필요한 정보를 수집하기 위해 복수의 공급 업체에 요청하는 문서를 의미합니다.

③ 업체 선정

기업은 여러 업체에서 제출한 제안서를 검토하여 프로젝트 목표를 달성하는 데 가장 적합한
업체를 비즈니스 파트너로 선정합니다.

상황에 따라 선정 기준의 우선순위는 달라질 수 있습니다. 기본적으로는 표 1-1과 같은 선정 기준
에 따라 업체별 강점(pros)과 약점(cons)을 비교해서 비즈니스 파트너를 선정합니다.

▼ 표 1-1 강점과 약점 비교표

선정 기준	설명
기능	요구사항의 구현 가능성과 미래 계획이 준비되어 있는지 등을 평가
가격	시스템 도입부터 폐기까지 발생하는 총비용을 평가
조직	개발 조직, 조직 구체성, 납품 후 지원 조직 등을 평가
납기	개발 납기 일정 및 납기 일정 타당성을 평가
능력	개발자 기술력뿐 아니라 업계 지식과 업무 지식, 관리 능력 등도 평가
실적	시스템 구분, 산업, 업무 등 개발 실적을 평가
신용	회사 설립 연차, 재무 상황이나 주요 거래처 등 건전성 여부 평가

업체별 비교 결과 예는 표 1-2와 같습니다.

▼ 표 1-2 강점과 약점 비교 결과표

	기능	가격	조직	납기	능력	실적	신용
A사 제안	△ 보통	○ 60억	△ 불명확	× 2020/3	△ 불명	△ 적음	△ 불명
B사 제안	△ 보통	× 120억	○ 명확	○ 2019/10	○ 양호	○ 많음	○ 양호

표 1-2를 살펴보면 A사는 B사보다 구축 비용(가격)이 절반으로 낮지만, 납기가 늦고 과거 거래
실적이 없습니다. 이에 비해 B사는 비용이 높지만 납기가 짧고 과거 실적도 좋으며 능력 또한 뛰
어난 것으로 확인했습니다. 어떤 업체를 선정하든지 장단점이 존재합니다. 사용자 기업[7]은 이런
비교 자료를 검토하여 A사와 B사 중에서 한 곳을 결정하여 비즈니스 파트너로 계약합니다.

④ 발주 계약

사용자 기업은 선정한 비즈니스 파트너와 발주 계약을 맺습니다.

7 　역주　 시스템 구축 프로젝트를 발주하는 회사로 주로 '발주사', '고객사'라고도 합니다.

여기까지가 기획 단계 내용입니다. 개발 업체가 정해지면 다음은 계획 단계로 넘어갑니다. 계획 단계에서는 향후 프로젝트 진행 방식과 역할 분담을 명확하게 정합니다. 이 단계부터는 사용자 기업과 개발 업체가 함께 프로젝트를 진행합니다.

프로젝트에 참여하는 인원은 그림 1-6과 같이 팀으로 나누어서 역할을 분담합니다. 각 팀에는 정해진 일정 계획에 따라 입력 정보를 바탕으로 정해진 결과물을 만들어 낸다는 명확한 임무가 주어집니다.

이런 입력 정보, 결과물 정보, 일정 등 모든 것을 계획 단계에서 정의합니다.

▼ 그림 1-6 시스템 구축 프로젝트의 주요 팀 구성[8]

프로젝트 관리 팀

전체 프로젝트 진척 관리 및 과제 관리 등을 하는 팀

인프라 구축 팀

업무 애플리케이션이 실행되는 시스템 기반 인프라를 구축하는 팀

애플리케이션 개발 팀

업무 애플리케이션을 개발하는 팀

네트워크 구축 팀

네트워크 인프라를 구축하는 팀

데이터 전환 팀

업무 운영 데이터를 기존 시스템에서 신규 시스템으로 마이그레이션하는 팀

개발 환경 운영 팀

개발 환경의 유지보수, 구성 변경 등 작업을 하는 팀

계획 단계에서 이와 같은 팀별 역할 분담이나 조직 전체(또는 조직별)의 업무 진행 방식을 얼마나 명확하게 정했는지가 향후 프로젝트를 원활하게 진행하고 납기를 지킬 수 있는 성공 열쇠라고 할 수 있습니다.

역할 분담과 향후 프로젝트 추진 방안을 모호하게 결정하면 그림 1-7과 같이 책임을 떠넘긴다거나 누락한 작업이 발생하여 재작업해야 하는 등 문제가 발생할 수 있습니다. 따라서 실제 개발 목표를 면밀히 분석하고 빠짐없이 계획을 세워서 역할을 분담해야 합니다.

8　역주　팀을 구성하는 예시로 프로젝트 환경과 시스템 구축 내용에 따라 팀 구성도 변경됩니다.

하지만 실제 개발을 수행해 보기 전에는 알 수 없는 일도 많으므로, 개발 초기 단계에서 모든 작업을 세분화하고 계획을 명확하게 세우는 것은 거의 불가능합니다.

이때는 과제 관리표에 그 내용을 작성해 놓고, 해당 과제를 언제까지 결정해야 하며 그렇지 못할 때는 어떤 위험이 발생하는지 등을 관리하여 프로젝트를 수행해 나가는 것이 중요합니다.

대규모 프로젝트일수록 많은 인원이 참여하므로 한 사람이라도 다르게 인식한 상태에서 개발을 진행한다면 의도하지 않게 예상치 못한 결과에 도달할 수도 있습니다. 예를 들어 사용자 요구사항을 충족하지 못한 시스템을 오픈했다면 운영 중 치명적인 장애가 발생할 수도 있습니다. 또 급격하게 사양을 변경하거나 추가 비용이 발생하는 등 다양한 위험이 증가하여 프로젝트가 실패할 수도 있습니다.

이처럼 계획 단계에서 모든 구성원이 동일한 목표를 바라보며 누가 무엇을 언제까지 대응해 나갈지 하는 목적, 역할 분담, 일정을 가능한 명확하게 결정하는 것은 프로젝트를 성공으로 이끄는 데 매우 중요합니다.

여기에서 결정한 역할 분담 및 향후 진행 방식은 '프로젝트 계획서'나 'WBS(Work Breakdown Structure)'⁹라는 작업 진척 현황표 문서에 정리하여 프로젝트 전체에 공유해서 관리합니다.

기본적으로 개발 프로젝트를 많이 경험한 업체가 프로젝트 계획서와 WBS를 작성하는 경우가 많습니다. 실제로 시스템 개발 업체가 주체가 되어 진행하는 방식이 일반적입니다.

하지만 다른 시스템과 연동하거나 운영 데이터를 다루는 등 업체에서 진행할 수 없는 작업도 있으니 작업이나 역할 분담을 누락 없이 계획하려면 모든 작업을 업체에만 미루면 안 됩니다. 업체와 사용자 기업이 서로 협력하여 프로젝트를 계획하고 검토하는 것이 매우 중요합니다(그림 1-8).

9　역주 WBS(Work Breakdown Structure)는 프로젝트 구성 요소들을 계층 구조로 분류하여 프로젝트의 전체 범위를 정의하고, 프로젝트 작업을 관리하기 쉽도록 작게 세분화하는 작업을 의미하며, 작업 분할 구조도라고도 합니다.

개발 업체   사용자 기업

1.3 인프라 구축 흐름 3: 요구사항 정의

요구사항 정의 단계에서는 다양한 사용자 요구사항을 도출하고 구축 시스템의 업무와 사양을 명확히 하며 이를 바탕으로 시스템 구축 범위와 기능을 정의합니다.

구체적으로는 많은 사용자 요구사항 중에서 시스템으로 구현할 수 있는 가능성을 확인하고 사양, 납기 일정, 비용을 모두 고려하여 어떤 기능(업무)을 시스템으로 구현할지 '업무 요구사항'과 '시스템 요구사항'으로 구분한 후 사용자 기업과 조정해서 요구사항을 확정하는 단계입니다.

요구사항은 '기능 요구사항'과 '비기능 요구사항' 두 가지로 구분합니다. 앞서 설명한 '업무 요구사항'은 주로 '기능 요구사항'에 해당하고, '시스템 요구사항'은 '비기능 요구사항'에 해당합니다. 인프라 엔지니어는 주로 비기능 요구사항을 정의합니다.

'기능 요구사항'과 '비기능 요구사항' 차이는 2.1절에서 상세하게 살펴봅니다.

일반적으로 '요구사항 정의서'라는 문서에 서로 합의하고 도출한 요구사항 정의 내용을 작성하여 관리합니다. 사용자는 업무 전문가이지만 시스템 개발 전문가는 아니므로 단독으로 요구사항을 정의하는 경우는 거의 없습니다. 이런 이유로 보통은 시스템 사양을 잘 아는 개발 업체가 요구사항 정의서를 작성하겠다고 지원하거나 직접 작성합니다.

다음으로 업체가 요구사항을 정의할 때 사용자와 협의하는 방법을 살펴봅니다. 사용자와 협의하는 흐름은 그림 1-9와 같습니다.

▼ 그림 1-9 업체가 요구사항 정의를 진행하는 방법

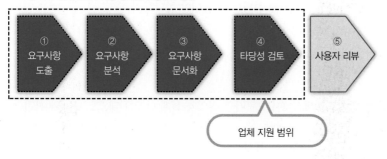

요구사항 도출부터 사용자 리뷰까지 요구사항을 정의하는 방법을 단계별로 살펴봅시다.

① 요구사항 도출

가장 먼저 해야 하는 일은 요구사항 도출입니다.

요구사항 도출 방법은 자료 수집, 사용자 인터뷰, 설문 조사 등 다양하지만 나중에 요구사항이 누락되지 않도록 반드시 초기 단계에서부터 요구사항을 가능한 총망라해서 드러내는 것이 매우 중요합니다.

또 요구사항을 도출할 때 환경 제약 사항과 법률, 규칙에 따른 제한 사항 등도 정리해야 합니다.

② 요구사항 분석과 ③ 요구사항 문서화

다음으로 해야 할 일은 도출한 요구사항을 분석하고 문서화하는 것입니다.

요구사항 도출(정의) 단계에서 정의한 요구사항 항목이 과하거나 부족하지 않은지, 요구사항 내용이 구체적인 수치로 표현되어 있는지, 여러 이해 관계자(stakeholder)[10] 사이에서 요구사항의 모순과 충돌은 없는지, 사양과 비용, 납기 일정, 우선순위 측면에서 요구사항에 대한 시스템 구현 범위를 분석합니다.

분석 결과는 사용자와 교차 확인하면서 '사용자 요구사항'을 '시스템 요구사항'으로 명세화해 나갑니다.

이 책에서는 비기능 요구사항을 분석하고 문서화하는 방법으로 비기능 요구사항 등급[11]을 사용하길 권장합니다(비기능 요구사항 등급은 2장에서 자세히 설명합니다).

---

10 조직이 수행하는 활동에 따라 직접적 또는 간접적 영향을 받는 이해 관계자를 의미합니다.

11 일본 경제산업성 산하 기관인 정보처리추진기구(Information technology Promotion Agency, IPA)에서 무상으로 공개하는 요구사항 정의 도구입니다.

④ 타당성 검토와 ⑤ 사용자 리뷰

마지막으로 정리한 요구사항의 타당성을 검토합니다. 여기까지가 업체가 지원하는 범위이며 타당성을 검토한 후 사용자 리뷰를 받습니다. 또 요구사항 정의 책임은 궁극적으로 사용자에게 있으므로 스스로 요구사항을 정확하게 설명할 수 있어야 합니다.

V 모델

V 모델을 살펴봅시다.

V 모델은 폭포수 모델의 개발 프로세스에서 요구사항 정의와 설계 단계를 테스트 단계와 관련 지어 확장한 것입니다. V 모델은 단계가 진행될수록 버그가 발생했을 때 설계 재작업 비용이 커진다는 것과 시스템 테스트가 진행될 때까지 요구사항 정의에 오류가 있는지 검증할 수 없다는 단점이 있습니다.

V 모델 개념은 그림 1-10과 같습니다.

▼ 그림 1-10 V 모델의 개발 프로세스[12]

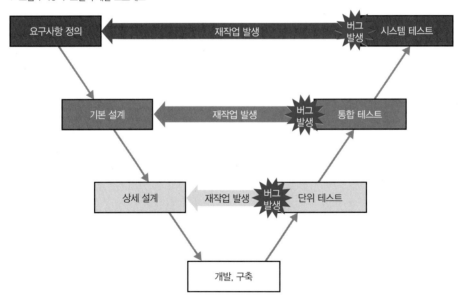

---

12 (역주) 여기에서 설명하는 V 모델 개발 프로세스는 책 내용에 맞추어 간략화되어 있습니다. 좀 더 상세한 V 모델의 설명은 위키백과(https://ko.wikipedia.org/wiki/V_모델)를 참고하기 바랍니다.

예를 들어 요구사항 정의 단계에서 배치 작업 A의 최대 처리 시간을 '3시간 이내'가 되도록 합의했습니다. 그런데 시스템 테스트 단계에서 사용자가 시스템 운영에 시간이 부족하니 '2시간 이내'로 처리를 완료해야 한다며 요구사항 변경을 요청했다고 가정해 보겠습니다.

이 요구사항 변경 요청을 수용한다면 영향 범위를 명확하게 파악한 후 요구사항 정의 내용을 변경하는 것부터 설계, 구축, 테스트까지 모든 절차를 다시 수행하며 재작업해야 하는데, 이와 같은 재작업 공수는 비용이 매우 큽니다.

최근 들어 네트워크가 일반화된 시대에 발맞추어 복잡하고 대규모이며 광범위한 IT 시스템이 늘어나고 있습니다.

이와 더불어 이해 관계자도 많아짐에 따라 요구사항 도출, 협의, 조정이 프로젝트 성패에 가장 큰 영향을 주고 있습니다.

요구사항 정의가 잘못되면 다음과 같이 프로젝트를 실패로 이끄는 큰 위험이 발생합니다.

- 앞서 설명한 V 모델처럼 재작업 공수 비용이 많이 발생합니다.
- 시스템 사용성과 품질이 떨어져 시스템을 전혀 사용할 수 없습니다.
- 재작업이 많이 발생하여 예산을 초과하게 됩니다.

요구사항 정의는 이후 설계, 구축, 테스트 단계로 이어지는 시작점입니다. 따라서 충분한 시간을 들여 빠짐없이 요구사항을 분석하고 사용자와 합의하는 것이 가장 중요합니다. 시스템을 설계할 때 요구사항을 정의한 내용에서 모호한 부분을 발견한다면 못 본 척하지 말고 다소 시간이 걸려도 요구사항을 구체적인 수치로 나타낼 수 있도록 사용자와 조정하는 자세를 가져야 프로젝트 실패 위험을 줄일 수 있습니다.

---

column ☰ '요구사항 정의'는 누구 책임일까?

폭포수 모델을 적용하는 개발 프로젝트에서 시스템을 구축할 때 요구사항 정의는 반드시 필요한 단계이지만 막상 요구사항 정의에서 '책임' 소재는 의외로 애매합니다. 그럼 '요구사항 정의' 책임은 누구에게 있을까요?

요구사항을 정의해야 하는 이유로 되돌아가 봅시다. 요구사항 정의는 '어떤 시스템을 만들고 어떤 업무를 구현할 것인가?'라는 내용을 문서로 정의하는 작업입니다. 요구사항 정의 단계 산출물인 '요구사항 정의서'가 다음 단계의 기반이 됩니다. 수주자(개발 업체) 책임은 요구사항 정의서에 정의한 내용에 따라 책임 있게 시스템을 개발하고 구축하는 것입니다. 요구사항을 결정하는 것은 어디까지나 발주자(기업) 몫이고 책임입니다.

요구사항 정의 단계 이후에서 결함이 발생했을 때 '제대로 요구사항을 정의한 것이 맞나요?'라며 '발주자'가 '수주자'에게 클레임을 쏟아 낼 수도 있습니다(실제로 저자도 경험했습니다). 하지만 요구사항 정의 책임은 본래 발주자에게 있습니다. 따라서 잘못된 요구사항 정의로 발생한 비용 증가, 납기 지연 등 문제는 발주자 책임으로 복구 조치를 취해야 합니다.

○ 계속

요구사항 정의 단계에서 준위임 계약을 하고, 설계 및 개발 단계에서 하도급 계약을 하는 것처럼 단계에 따라 계약 형태가 달라지는 경우가 많은 것은 이 때문입니다.

요구사항 정의 작업은 본래 발주자의 업무 담당자와 IT 부서에서 진행하는 것이 맞지만, 실제 현장에서는 요구사항 정의 단계부터 수주자(업체)가 참여하고 협력하면서 작업을 수행하는 경우가 많습니다. 요구사항 정의 단계에서 수주자는 어디까지나 발주자 입장에서 지원하는 '지원자' 역할을 할 뿐입니다. 하지만 이때도 요구사항을 정의할 때 작성한 결과물이 최종 승인되었다면 해당 결과물에 대한 책임은 발주자에게 있다는 것을 잊어서는 안 됩니다. 수주자 측에서 내용을 정의했더라도 나중에 수정이 필요할 때는 발주자 측에서 실시해야 합니다.

1.4 인프라 구축 흐름 4: 설계, 구축, 테스트

요구사항 정의가 끝나면 다음은 설계 단계입니다. 설계 단계는 이 책이 다루는 주제의 중심이 되는 내용입니다.

1. 설계 단계

사용자가 구현하려는 요구사항은 이전 단계인 요구사항 정의에서 모두 결정했습니다. 설계 단계는 '사용자 요구사항 정의 내용을 모두 충족하는 시스템을 설계하는 단계'입니다.

설계는 요구사항을 구현하는 시스템 구조와 사양의 세부 사항을 결정하는 단계입니다. 예를 들어 하드웨어 선정에서는 어느 제조사의 어떤 모델을 사용하고 시스템 파라미터는 어떻게 구성할지 등을 결정합니다.

요구사항 정의 책임은 요구사항을 전달하는 사용자에게 있지만 설계 책임은 요구사항을 구현하는 업체에 있습니다. 개발 업체 중에서도 인프라 엔지니어가 담당하는 설계 범위는 다음 세 가지입니다.

- 요구사항 구현을 충족시키는 시스템 아키텍처를 정의하는 아키텍처 설계
- 시스템 구성 설계(하드웨어, 소프트웨어, 미들웨어, 애플리케이션 실행 환경 등)
- 운영 및 유지보수 설계

애플리케이션 설계는 업무 개발 팀이 담당하고, 네트워크 설계는 네트워크 팀이 담당합니다. 인프라 엔지니어의 주요 업무 범위는 그림 1-11과 같이 나눌 수 있습니다.

인프라 설계 단계에서는 이전 단계에서 작성한 요구사항 정의서를 입력 산출물로 사용하여 기본 설계서(아키텍처 설계서, 인터페이스 설계서 등)를 작성하고, 기본 설계서를 입력 산출물로 사용하여 상세 설계서(파라미터 설계서, 프로그램 설계서 등)를 작성합니다. 입력 및 출력 산출물 흐름은 그림 1-11과 같습니다.

▼ 그림 1-11 인프라 엔지니어의 주요 설계 범위

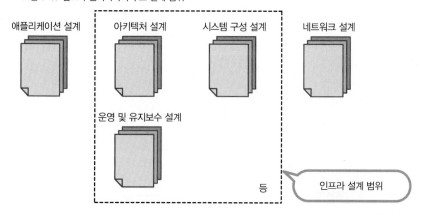

▼ 그림 1-12 설계서 작성 흐름

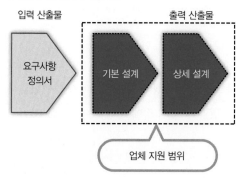

2. 구축 단계

이전 설계 단계에서 설계한 내용에 따라 시스템 환경을 구축하는 것이 구축 단계입니다. 구체적으로는 OS(Operating System) 설치와 미들웨어 구성 등이 구축 단계 작업에 해당합니다.

시스템 설계대로 시스템 환경을 구축하려면 우선 환경 구축 절차서와 구축 후 검증 절차서를 작성해야 합니다. 상세 설계서의 각종 파라미터를 참고하여 설계 내용에 따라 환경 구축 절차서와 검증 절차서를 작성합니다.

구축 단계에서 실수가 있다면 다음 단계인 테스트 단계에 영향을 미칠 수 있으므로 마구잡이로 환경을 구축하면 절대 안 됩니다. 반드시 사전에 절차서나 체크 리스트를 작성하고 실수나 누락이 없도록 작업하는 것이 중요합니다.

이런 구축 단계 모습은 그림 1-13과 같습니다.

▼ 그림 1-13 인프라 엔지니어가 절차에 따라 작업하는 모습

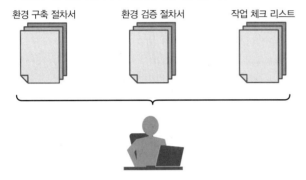

환경 구축 절차서　　　환경 검증 절차서　　　작업 체크 리스트

설계할 때 구축 절차에 입력하는 정보인 파라미터 설정 값과 그 근거를 잘 정리해 둔다면, 추후 파라미터를 변경해야 할 때 그 영향도를 파악하거나 설계 내용을 재검토하는 데 유용하게 사용할 수 있습니다.

또 구축 중 실제 환경에 반영한 작업 데이터를 보관하는 것도 중요합니다. 작업 데이터는 실제로 구축할 때 수행했던 작업 기록입니다. 작업 데이터를 보관하면 특정 상황에서 장애가 발생했을 때 언제 어디에서 어떤 작업을 했는지 등 작업 내역을 확인할 수 있어 장애 원인을 추적하는 데 도움이 됩니다.

3. 테스트 단계

구축 단계가 끝나면 다음은 테스트 단계로 넘어갑니다.

테스트 단계에서는 구축한 시스템에 구성되거나 개발된 OS, 미들웨어, 애플리케이션이 요구사항 정의와 설계대로 올바르게 동작하는지 확인합니다.

테스트 단계에서는 다음 테스트를 단계적으로 진행합니다.

① 단위 테스트

프로그램 구성 모듈의 동작을 확인하는 테스트입니다.

인프라 엔지니어의 단위 테스트는 서버 단위로 OS, 미들웨어 등을 확인합니다.

단위 테스트 모습은 그림 1-14와 같습니다.

▼ 그림 1-14 인프라 엔지니어가 절차에 따라 작업하는 모습

② 통합 테스트

모듈 간 연동(인터페이스) 동작을 확인하는 테스트입니다.

인프라 엔지니어의 통합 테스트에서는 서로 다른 서버에 구성된 OS, 미들웨어 간 기능 연동 등을 확인합니다. 예를 들어 AP 서버[13]와 DB 서버를 연동하는 테스트가 통합 테스트에 해당합니다. 통합 테스트 모습은 그림 1-15와 같습니다.

▼ 그림 1-15 통합 테스트

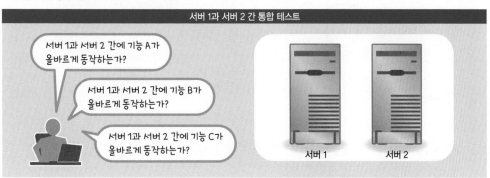

---

13 **역주** AP 서버(Application Server)란 애플리케이션 서버라고도 하며, 분산 환경에서 애플리케이션이 비즈니스 로직을 수행하여 동적 콘텐츠를 반환하는 서버를 의미합니다. Apache HTTP Server나 Tomcat 같은 서버 프로그램이 동작하며, 역할에 따라 웹 서버, 웹 애플리케이션 서버(WAS) 등으로 나누기도 합니다.

③ 시스템 테스트

시스템 테스트는 시스템을 실제로 운영하는 상황을 가정하여 시스템 전반에 걸쳐 수행하는 테스트입니다.

실제로 시스템을 운영한다고 가정하고는 매일, 매주, 매월, 매년 정기적으로 일어나는 시스템의 운영 작업을 실행하면서 동작을 확인하고 검증하여 시스템 요구사항을 충족하는지 확인하는 테스트입니다.

예를 들어 다음 내용들을 확인합니다.

- **최대 부하가 발생할 때 응답 속도와 처리량이 요구사항을 충족하는지 확인**

  고부하 상황에서도 시스템 리소스에 문제가 없는지 확인합니다.

- **장애나 재해가 발생하면 시스템 전환, 복구, 업무 복구에 대한 일련의 프로세스를 검증**

  기능과 절차의 타당성을 확인합니다.

- **영업일, 휴일 등 이벤트 상황에서 실제 가동 시나리오 테스트를 검증**

  실제로 가동할 때와 동일한 상황에서 업무를 확인하고, 기능이나 성능에 문제가 없는지 확인합니다.

시스템 테스트 모습은 그림 1-16과 같습니다.

▼ 그림 1-16 시스템 테스트

④ 운영 테스트

시스템 운영을 가정한 테스트입니다.

시스템 운영 팀에서 운영 매뉴얼에 따라 실제 운영 환경과 조직으로 시스템 전체의 기능과 운영 전반에 대한 테스트를 진행합니다.

운영 테스트 모습은 그림 1-17과 같습니다.

▼ 그림 1-17 운영 매뉴얼에 따라 수동 백업할 수 있는지 테스트

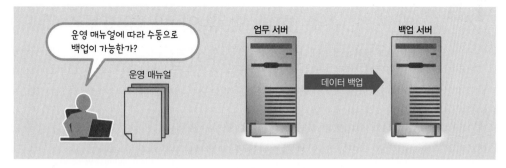

⑤ 사용자 인수(승인) 테스트

사용자의 실제 업무 사용을 가정한 테스트입니다.

업무 사용자가 업무 요구사항을 충족하는지 확인하고, 최종적으로 업무 흐름과 절차의 정합성에 문제가 없는지 확인하는 테스트입니다.

시스템 테스트 이후에는 업무 시나리오 테스트 및 관련 시스템과 연동 테스트를 수행하는데, 테스트 케이스를 검토할 때는 애플리케이션 개발자, 관련 시스템 엔지니어, 업무 사용자와 커뮤니케이션이 매우 중요하므로 함께 협력해서 테스트를 진행해야 합니다.

특히 업무 시나리오와 관련한 테스트가 충분하지 않은 상태에서 시스템을 오픈했다면 이후 예상하지 못한 장애가 발생할 수 있으므로 제대로 된 협력 체제를 구축해야 합니다.

시스템 테스트 이후에는 테스트 책임 범위가 사용자 측으로 전환됩니다.

테스트 단계 흐름은 그림 1-18과 같습니다.

▼ 그림 1-18 테스트 단계 흐름[14]

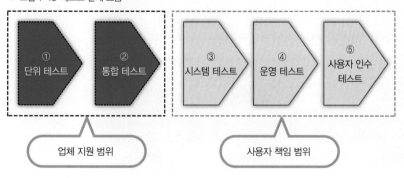

---

14 **역주** 계약 내용에 따라 책임 범위는 다를 수 있습니다.

1.5 인프라 구축 흐름 5: 운영 및 유지보수와 프로젝트의 라이프 사이클

테스트가 끝나면 드디어 시스템을 오픈하고 서비스를 시작합니다. 인프라 엔지니어는 시스템을 오픈한 이후 안정적으로 운영할 수 있게 시스템 운영 및 유지보수를 수행합니다.

1. 운영 및 유지보수 단계

시스템 운영 및 유지보수 단계의 주요 업무는 다음 (1)~(5)와 같습니다.

(1) 시스템 모니터링

시스템을 안정적으로 운영하고자 시스템 장애나 오류를 초기에 발견하는 것을 목적으로 하는 운영 작업입니다.

시스템을 모니터링하는 모습은 그림 1-19와 같습니다.

▼ 그림 1-19 시스템 모니터링

(2) 백업

백업에는 시스템 백업과 데이터 백업 두 종류가 있습니다.

시스템 백업은 OS를 포함한 이미지를 백업하는 것으로, 시스템에 장애가 발생했을 때 시스템을 복구하려는 목적의 백업 작업입니다. 데이터 백업은 데이터 손상이나 유실에 대비하여 복구할 수 있는 백업 작업입니다.

(3) 바이러스 검사

바이러스 검사 소프트웨어(antivirus software)를 도입하여 악영향을 미치는 다양한 바이러스를 탐지하고 제거하는 작업입니다. 해마다 진화하는 신종 바이러스에 서버가 감염되지 않도록 패턴 파일이라는 바이러스 검사 소프트웨어를 정기적으로 업데이트해야 합니다.

바이러스 검사 소프트웨어를 사용하는 모습은 그림 1-20과 같습니다.

▼ 그림 1-20 바이러스 검사 소프트웨어 사용

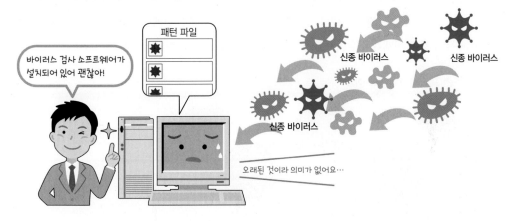

(4) 패치, 펌웨어 업데이트

바이러스 백신과 마찬가지로 시스템에 미칠 악영향 가능성을 최소화하고자 정기적으로 보안 패치나 펌웨어를 업데이트해야 합니다.

(5) 운영 자동화

정기적으로 서버를 재기동하거나 로그를 전송하는 등 시스템 운영을 자동화하는 방식입니다. 자동화 작업은 사람이 직접 수행하지 않아도 되므로 휴먼 에러를 감소시키고 운영 비용을 절감할 수 있습니다. 운영을 자동화하려면 셸 스크립트 등으로 자동화 처리 모듈을 개발해야 합니다.

2. 프로젝트의 라이프 사이클

앞 절에서 프로젝트 개발 흐름의 큰 틀을 살펴보았습니다. 하지만 또 하나 명심해야 할 중요한 내용이 남아 있습니다. 운영 및 유지보수 단계는 프로젝트의 마지막 단계가 아니라는 것입니다.

그림 1-21과 같이 시스템 개발의 라이프 사이클을 보면 운영 및 유지보수 단계 이후에 다시 첫 번째 단계인 기획 및 계획 단계로 돌아가며 끊임없이 순환된다는 것을 알 수 있습니다.

좀 더 구체적으로 설명하면 운영 및 유지보수 단계에서 모니터링한 분석 결과는 기업이 경영하거나 기획할 때 참조 데이터가 됩니다. 그리고 이렇게 쌓인 결과 데이터와 시장 동향을 바탕으로 시스템을 업그레이드하고 신규 시스템을 구축하는 비즈니스 전략 기획으로 이어 갑니다.

일반적으로 기업은 비즈니스를 존속하고 발전시키고자 항상 프로젝트를 진행합니다. 프로젝트에 참여하고 있을 때도 자신이 참여한 프로젝트가 일회성으로 끝나는 것이 아니라 다음 프로젝트의 시작과 연결되어 있다고 생각하는 것이 중요합니다. 따라서 다음 단계로 진행과 전환이 용이하도록 설계나 구축 작업을 해야 합니다. 또 다음 담당자에게 제대로 인계할 수 있도록 프로젝트 산출물과 매뉴얼 등을 현재대로 유지하고 잘 정리하려는 마음가짐이 중요합니다.

▼ 그림 1-21 프로젝트의 라이프 사이클

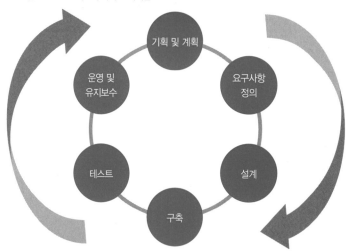

2^장

인프라 요구사항 정의와 비기능 요구사항 (설계 이전 작업 II)

3장부터 인프라를 구축하는 방법을 설명합니다. 그 전에 요구사항 정의의 범위는 어떻게 되고 어떤 항목이 있는지 알아봅시다.

일반적으로 이런 요구사항을 정의할 때 기업은 어떤 과제를 안고 있으며, 어떤 방법으로 해결할 수 있을까요?

1장에서는 시스템 구축 프로젝트의 전체적인 개발 흐름을 살펴보았습니다. 2장에서는 3장 이후에 설명하는 인프라 엔지니어가 시스템을 설계할 때 전제가 되는 요구사항 정의 단계를 인프라 관점에서 설명합니다(그림 2-1).

▼ 그림 2-1 2장 전체 내용 흐름

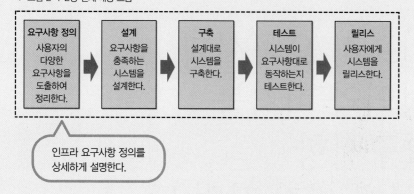

2.1 / 인프라 요구사항 정의

1장에서는 시스템 구축 프로젝트의 전체적인 개발 흐름을 설명했습니다. 시스템 설계를 수행하려면 요구사항 정의가 입력 정보로 필요하며, 시스템 설계 다음에는 시스템 구축과 테스트 단계가 있다고 살펴보았습니다.

2장에서는 인프라 엔지니어가 시스템을 설계할 때 전제가 되는 요구사항 정의 단계를 인프라 관점에서 살펴봅니다.

1. 기능 요구사항과 비기능 요구사항

요구사항 정의 단계에서 정의하는 요구사항으로 '기능 요구사항'과 '비기능 요구사항'이 있습니다. '업무 요구사항'에 대한 요구사항을 정의하는 것이 '기능 요구사항'이고, '시스템 요구사항'에 대한 요구사항을 정의하는 것이 '비기능 요구사항'이라고 1.3절에서 설명했습니다. 1.3절에서는 인프라 엔지니어가 주로 정의하는 요구사항 범위가 '비기능 요구사항'이라는 것까지 살펴보았습니다.

2장에서는 기능 요구사항과 비기능 요구사항의 차이를 자세히 살펴봅니다.

기능 요구사항이란 '개별 시스템을 통합하고 싶다', '사무 작업을 시스템으로 만들고 싶다' 등 업무 요구사항을 구현하는 요구사항들을 의미하며, 업무를 운영하는 데 필요한 애플리케이션 기능이나 데이터 요구사항을 나타냅니다. 따라서 기능 요구사항은 주로 애플리케이션 개발자가 정의합니다.

비기능 요구사항은 기능 요구사항이 아닌 요구사항을 의미하며, 'A라는 업무 처리는 3초 이내에 응답해야 한다', '장애가 발생하여 시스템이 정지된 경우에는 길어도 3시간 이내에 업무를 복구해야 한다' 등 주로 업무를 안정적으로 운영하는 데 필요한 요구사항입니다. 이는 업무 자체가 아닌 시스템 성능이나 품질에 대한 구현 요구사항이며, 주로 인프라 엔지니어가 요구사항을 정의합니다.

이 책에서는 인프라 엔지니어가 담당하는 비기능 요구사항 정의를 살펴봅니다.

기능 요구사항과 비기능 요구사항의 차이는 그림 2-2와 같습니다. 점선으로 둘러싸인 부분이 비기능 요구사항과 관련한 요구사항 범위이며, 나머지는 기능 요구사항과 관련한 범위입니다.

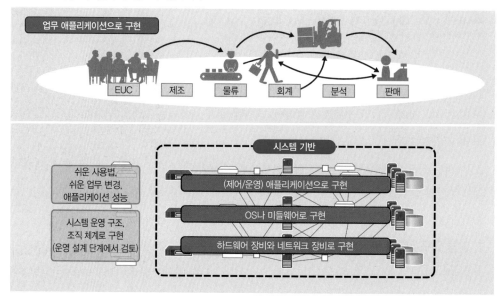

'IPA: 비기능 요구사항 등급 이용 가이드[이용 편] 그림 1.1.1 비기능 요구사항 등급의 단계적 이용(© 2010 IPA)'에 연재

2. 비기능 요구사항의 과제

비기능 요구사항은 업무와 관련한 요구사항이 아니므로 일반적으로 전문성이 높지 않은 사용자가 요구사항을 제시하기에는 한계가 있고 프로젝트 초기 단계에서 관심을 갖기도 어렵습니다. 따라서 사용자가 비기능 요구사항을 업체에 요구사항으로 제시하기 어려우며, 요구사항이 구체화되지 못하고 애매모호한 상태로 남은 채 다음 단계로 진행될 수 있습니다.

또 업체에서도 사용자가 요구사항을 명확히 하지 않았을 때 비기능 요구사항과 구현하는 방안을 제안하기 어렵다는 과제를 안고 있습니다.

이처럼 서로 비기능 요구사항의 정의를 누락하거나 다르게 인식하는 것에서 차이가 발생합니다. 이 때문에 다음 단계에서 문제가 발생하거나 요구사항이 변경되는 등 시스템 개발이나 운영에서도 문제가 발생할 수 있습니다.

이 문제 예는 그림 2-3과 같습니다.

❤ 그림 2-3 비기능 요구사항을 정의할 때 과제

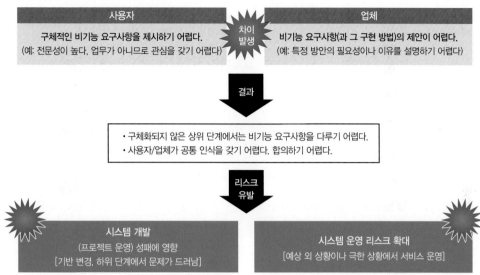

'IPA: 비기능 요구사항 등급 이용 가이드[이용 편] 그림 1.1.1 비기능 요구사항 등급의 단계적 이용(© 2010 IPA)'에 연재

또 비기능 요구사항을 정의하기 어려운 이유는 요구사항을 구체적인 수치로 표현하지 않기 때문입니다. 요구사항을 애매하게 표현하면 받아들이는 사람에 따라 다르게 생각할 수도 있습니다.

예를 들어 '시스템에 장애가 발생하면 가능한 빨리 서비스를 복구해야 한다'고 요구사항을 정의했다면 '가능한'이라는 표현을 애매하게 해석할 수 있습니다.

사용자는 12시간 이내에 복구하는 것을 가정하고 '가능한'이라고 전달했을지도 모르지만, 업체는 1일 이내에 복구하면 된다고 해석하여 시스템을 설계하고 구축할 수도 있습니다. 이와 같이 서로 다르게 이해하여 사용자가 의도하지 않은 시스템을 구축하여 테스트 단계까지 진행한 후 문제를 깨닫고 다시 작업해야 하는 상황이 발생할 수도 있습니다.

2.2 비기능 요구사항에 대한 과제 해결 첫걸음: 비기능 요구사항 등급 활용

앞 절에서 설명한 비기능 요구사항에서 발주자와 수주자의 생각 차이(갭)나 서로 의도를 다르게 이해한 것을 확인하지 못한 채 개발이 진행되기도 합니다. 이런 리스크나 비기능 요구사항의 정의가 누락되는 것을 방지할 수 있는 비기능 요구사항 등급 도구가 있습니다.

비기능 요구사항 등급은 다음 URL(비기능 요구사항 등급 공개 사이트)에서 무료로 내려받을 수 있으며, 사용자와 업체 모두 같은 도구를 사용할 수 있습니다. 즉, 발주자와 수주자가 공용으로 사용할 수 있습니다.

URL (비기능 요구사항 등급 공개 사이트, IPA 웹 사이트)

http://www.ipa.go.jp/sec/softwareengineering/reports/20100416.html

---

column ≡ **비기능 요구사항 등급은 믿을 만한가? 어떻게 만들어졌는가?**

이 칼럼에서는 비기능 요구사항 등급이 어떤 배경에서 만들어졌는지 소개합니다.

먼저 그림 2-4에 비기능 요구사항 등급의 역사를 정리했습니다.

지금은 IPA에서 비기능 요구사항 등급을 공개하지만, 원래는 '시스템 기반의 발주자 요구사항을 가시화하는 비기능 요구사항 등급 검토회(NTT 데이터, 후지쯔, 일본전기, 히타치, 미쓰비시전기 정보시스템즈, 오키전기공업 등 SI사업자 여섯 곳과 발주자 기업 일곱 곳으로 구성)'에서 비기능 요구사항의 지식이나 노하우, 브레인스토밍 등으로 체계적으로 정리해서 비기능 요구사항 등급 초판을 만들었습니다.

비기능 요구사항 등급은 일본 내 주요 IT 기업이 협업하여 비기능 요구사항 과제를 해결하고자 작성한 것으로, 신뢰할 수 있는 도구입니다.

▼ 그림 2-4 비기능 요구사항 등급 작성부터 현재까지 이력

2008년 9월	주요 SI사업자 여섯 곳이 '비기능 요구사항 등급 검토회' 발족 NTT 데이터 / 후지쯔 일본전기 / 히타치 미쓰비시전기 정보시스템즈 / 오키전기공업
2009년 5월	비기능 요구사항 등급 공개
2009년 10월	비기능 요구사항 등급 최종 버전 공개
2010년 3월	비기능 요구사항 등급 검토회 활동 종료
2010년 6월	공개 대상을 IPA로 변경
2018년 4월	비기능 요구사항 등급 2018 공개

2.3 비기능 요구사항의 개요

비기능 요구사항 등급에서는 비기능 요구사항을 다음과 같이 크게 여섯 가지 항목으로 분류하여
정의합니다. 각 항목 내용을 자세히 설명합니다.

(1) 가용성

가용성이란 시스템에서 서비스를 지속적으로 이용할 수 있는 요구사항입니다.

서버, 네트워크 등 시스템이 장애 없이 정상적으로 요청된 서비스를 수행하는 것을 의미합
니다.

(2) 성능 및 확장성

성능 및 확장성이란 시스템에서 요구하는 성능(처리 속도)과 향후 리소스가 부족할 때 시스템
확장에 대한 요구사항입니다. 시스템 응답 시간이 양호한지, 리소스가 부족할 때 쉽게 확장할
수 있는지 등을 의미합니다.

---

1   역주 소프트웨어산업정보시스템(SWIT)은 한국소프트웨어산업협회에서 운영하는 것으로, 국내 소프트웨어 산업 관련 정보를 관리하는 시스템
입니다(https://www.swit.or.kr/).

(3) 운영 및 유지보수성

운영 및 유지보수성이란 시스템을 안정적으로 운영하려는 목적으로, 시스템 운영 및 유지보수 서비스를 어느 수준까지 수행할지에 대한 요구사항입니다. 백업으로 데이터 보호, 장애가 발생했을 때 대응 수준 등을 의미합니다.

(4) 마이그레이션

기존 시스템 자산을 개발 시스템으로 마이그레이션하는 방법이나 계획 등에 대한 요구사항입니다. 마이그레이션 수단, 계획 외에도 리허설 유무의 수행 등을 포함합니다.

(5) 보안

보안이란 시스템 안전성을 높이는 대책에 대한 요구사항입니다. 부정 접속 방지책 등을 의미합니다.

(6) 시스템 환경 및 그린 IT

시스템 설치 환경이나 그린 IT[2]에 대한 요구사항입니다. 내진, 면진,[3] 온도, 습도, 소음 등 시스템 환경에 대한 요구사항과 CO_2 배출량이나 에너지 소비 등 요구사항을 의미합니다.

2.3.1 비기능 요구사항 항목 1: 가용성

가용성은 시스템의 신뢰성을 의미합니다. 시스템은 아무 문제없이 계속 사용할 수 있는 것이 가장 좋겠지만 하드웨어 고장, 소프트웨어 버그, 지진이나 화재의 재해 발생 등 다양한 장애 요인으로 예상치 못하게 서비스가 정지될 수도 있습니다. 가용성 요구사항을 검토할 때는 이 경우에도 서비스가 정지되지 않도록 하거나 영향 범위를 최소화할 수 있는지 검토합니다.

비기능 요구사항 등급에서 가용성 요구사항은 '① 연속성', '② 내결함성', '③ 재해 대책', '④ 회복성' 등 네 가지 항목으로 구성됩니다. 다음으로 가용성 요구사항의 각 항목을 자세히 살펴봅시다.

---

2 <u>역주</u> 그린 IT란 정보기술(IT) 전 분야에서 지구 환경을 보호하는 차원에서 유해 물질 사용을 자제하고 에너지를 절감하여 친환경 제품과 서비스를 제공하는 IT기술을 의미합니다.

3 <u>역주</u> 지반과 건물 사이에 적절한 조치를 취해서 지진 같은 진동에서 피해를 줄이는 방법입니다.

1. 연속성

연속성은 서비스를 지속적으로 이용하는 능력, 즉 시스템 가동률을 정의하는 항목입니다. 가동률은 시스템이 서비스를 제공해야 하는 시간 중에서 실제로 서비스를 제공한 시간의 비율을 의미합니다. 가동률을 구하는 방법은 그림 2-5의 계산식과 같습니다. 가동률은 실적으로 계산되기도 하며, 가용성의 요구사항에 대한 중요한 기준이 되기도 합니다.

▼ 그림 2-5 가동률 구하는 방법

$$\text{가동률} = \frac{\text{실제로 서비스를 이용할 수 있었던 시간}}{\text{서비스를 제공해야 하는 시간}} \times 100$$

가동률을 구하려면 먼저 분모인 '서비스를 제공해야 하는 시간'을 정의해야 합니다. 예를 들어 '주 5일 9~17시만 가동한다', '24시간 365일 연속적으로 가동한다' 등 서비스 제공 시간을 정의합니다. 그리고 앞서 정한 '서비스를 제공해야 하는 시간' 중 '실제로 서비스를 이용할 수 있었던 시간'의 비율이 가동률입니다.

예를 들어 24시간 365일 연속적으로 가동한다고 했을 때 연간 5분 정도의 서비스 정지를 허용한다면 가동률은 그림 2-6의 계산식처럼 99.999%입니다.

▼ 그림 2-6 24시간 365일 가동할 때 연간 5분 정도 서비스를 정지하는 시스템의 가동률

연간 가동 시간 계산   24시간×365일 = 8760시간/년
연간 서비스 정지 허용 시간   5분/60분 = 0.08시간

8760시간 중 0.08시간 서비스 정지를 허용하는 시스템의 가동률은 다음과 같다.

$$\frac{8760\text{시간} - 0.08\text{시간(실제로 서비스를 이용한 시간)}}{8760\text{시간(서비스를 제공한 시간)}} \times 100 = 99.999$$

=> 99.999% 가동률이 요구사항이 된다.

또 1일 8시간 주 5일 가동하는 시스템이 월간 1시간 정도 서비스를 정지하는 경우의 가동률은 그림 2-7의 계산식처럼 99.4%입니다.

▼ 그림 2-7 1일 8시간 주 5일 가동하며, 월간 1시간 정도 서비스를 정지하는 시스템의 가동률

연간 가동 시간 계산 8시간×240일 = 1920시간/년
연간 서비스 정지 허용 시간 1시간×12개월 = 12시간

1920시간 중 12시간 서비스 정지를 허용하는 시스템의 가동률은 다음과 같다.

$$\frac{\text{1920시간 - 12시간(실제로 서비스를 이용한 시간)}}{\text{1920시간(서비스를 제공한 시간)}} \times 100 = 99.4$$

=〉 99.4% 가동률이 요구사항이 된다.

휴일, 공휴일이나 월말, 월초 등 일반적인 업무 일정과는 다른 가동 시간을 갖는 특정일과 정기 점검에 따른 시스템 정지 여부도 검토해야 합니다.

물론 가동률을 계산하려면 앞서 설명한 '서비스를 제공해야 하는 시간' 외에 요구사항을 계산하는 전제 조건이 되는 다음 사항도 정의해야 합니다.

(1) 가동을 계속해야 하는 대상 업무는 어느 범위까지 정할 것인가요?

(2) 장애가 발생했을 때 업무 전환의 허용 시간은 어느 정도 할 것인가요?

(3) 어떤 업무를 복구 대상으로 정할 것인가요?

(4) 어떤 시점까지 데이터를 보장할 것인가요?

(5) 시스템을 복원할 때 업무 복구 시간은 어느 정도 할 것인가요?

(6) 대규모 재해가 발생했을 때 업무 재개 목표는 어느 정도 할 것인가요?

이런 내용을 정의하여 최종 가동률을 구하고 연속성 요구사항을 확정합니다.

마지막으로 가동률을 구하는 방법에는 다음 계산식도 사용할 수 있습니다.

▼ 그림 2-8 가동률을 구하는 방법(또 다른 식)

$$\text{가동률} = \text{평균 장애 간격} + \frac{\text{평균 장애 간격}}{\text{평균 수리 시간}}$$

2. 내결함성

내결함성[4]은 시스템 장애의 내성[5]에 대한 요구사항으로, 먼저 설명한 연속성에서 결정된 내용에 따라 서버, 단말기, 네트워크 장비, 스토리지 등 하드웨어 장비와 구성 요소(내장 디스크, 전원, FAN 등)를 어느 수준에서 이중화할지, 데이터 백업, 복원 대상의 범위는 어디까지 할지 등을 검토합니다. 내결함성 결정은 비용과 밀접한 상관관계가 있으므로 프로젝트 예산을 고려하여 범위를 어디까지로 할지, 구성을 어떻게 할지 등을 확실히 검토해서 결정해야 합니다.

예를 들어 그림 2-9는 내결함성을 높이는 서버 장비의 이중화 예입니다. 서버를 이중화하면 액티브(active) 서버에 장애가 발생하더라도 스탠바이(standby) 서버에서 업무를 지속할 수 있으므로 서버 내구성을 향상시킬 수 있습니다. 하지만 서버를 이중화하려면 서비스 업무 전환 용도의 소프트웨어 도입이나 서버 자체를 2대 이상 준비해야 하므로 단일 구성에 비해서 비용이 2배 이상 필요합니다.

▼ 그림 2-9 서버 이중화

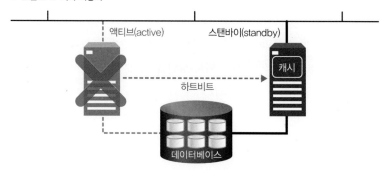

비용 대비 효과 측면에서 어느 수준까지 내구성을 갖출 것인지 충분히 검토해야 합니다.

3. 재해 대책

재해 대책은 그림 2-10과 같은 지진, 수해, 화재 등 대규모 재해가 발생했을 때 업무 연속성을 충족시키는 요구사항으로, 유사시에 정보 시스템이 피해를 최소화하도록 검토하거나 피해를 입더라도 기업 활동을 정지하지 않을 수 있는 대안 등을 준비하는 것을 의미합니다.

---

4   역주 내결함성이란 하드웨어 오류가 발생했을 때 데이터 무결성을 유지하는 컴퓨터 하드웨어나 소프트웨어 기능을 의미합니다.

5   역주 시스템 일부가 고장이 나도 전체에는 영향을 주지 않고 항상 시스템 정상 작동을 유지하는 능력을 의미합니다.

재해 대책은 **BCP**(Business Continuity Planning)[6]라고 하는 업무 연속성 계획과 **DRP**(Disaster Recovery Planning)[7]라는 재해 복구 계획 등의 방법으로 세웁니다.

이와 같은 요구사항을 높은 수준으로 요구하는 경우 다른 곳에 백업 사이트[8]를 준비해야 하며, 서버도 이중화로 구성해야 하므로 비용에 영향을 많이 준다는 특징이 있습니다. 최근 지진과 태풍이 자주 발생하고 있어 이전보다 재해 대책을 좀 더 중요하게 여깁니다.

▼ 그림 2-10 주요 재해

지진　　　　　　　　　수해　　　　　　　　　화재

4. 회복성

회복성은 시스템 장애 등으로 업무를 사용할 수 없는 경우 백업 복구 방법이나 복구할 때까지의 대체 업무를 어느 범위에서 운영할지 정의합니다. 회복 방안을 어디까지 준비하느냐에 따라 **RPO**(Recovery Point Objective)라는 목표 복구 시점과 **RTO**(Recovery Time Objective)라는 목표 복구 시간에 대한 요구사항 수치가 달라집니다.

RPO와 RTO 설명은 다음과 같습니다.

(1) 목표 복구 시점(RPO)

　어느 시점까지 데이터를 보장할 것인가요?

(2) 목표 복구 시간(RTO)

　업무를 복구하는 데 걸리는 시간은 어느 정도까지 허용할 것인가요?

RPO와 RTO를 시간 순서대로 나타낸 예는 그림 2-11과 같습니다.

6　시스템에 재해 등 리스크가 발생했을 때 중요한 업무를 지속시키고자 전략적으로 준비하는 계획입니다.

7　재해로 입은 피해나 손실을 복구하고자 사전에 준비해야 하는 사항이나 응급 대응 방법 등을 정해 놓은 계획입니다.

8　역주 보통 재해 복구(DR) 시스템을 원격지에 구축한다는 의미는 재해가 발생해도 공간적으로 영향도가 적도록 멀리 떨어진 곳에 구축한다는 것입니다.

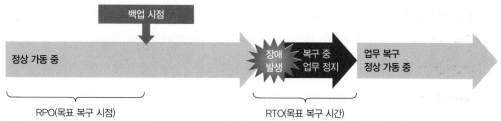

RPO(목표 복구 시점)
어느 시점까지 데이터를 보장할 것인가?

RTO(목표 복구 시간)
업무를 복구하는 데 걸리는 시간은 어느 정도 허용할 것인가?

내결함성과 재해 대책의 요구사항은 업무를 어떻게 지속할지 검토하는 항목이지만, 회복성 요구사항은 업무를 계속할 수 없게 된 경우 복구에 대한 요구사항을 검토하는 항목입니다.

2.3.2 비기능 요구사항 항목 2: 성능 및 확장성

성능이란 서비스를 제공할 때 시스템에서 리소스를 효율적으로 사용할 수 있는지를 나타내는 것으로, 성능 요구사항은 주로 다음 두 가지로 정의합니다.

(1) 응답 시간

서비스를 요청한 후 받을 때까지 걸린 시간

(2) 스루풋(throughput)

단일 시간당 처리량

성능 요구사항이 불명확하면 CPU나 메모리 등 리소스가 부족하여 업무 처리가 늦어져서 전혀 사용할 수 없는 시스템이 됩니다. 반대로 필요 이상의 리소스를 가진 거대한 서버를 준비하고 극히 일부 리소스만 사용하는 등 불필요한 설비 투자로 이어지는 상황도 발생할 수 있습니다.

또 응답 시간이나 스루풋은 평소뿐만 아니라 피크(peak) 상황일 때 성능 요구사항도 함께 제시해야 합니다.

예를 들어 인터넷 쇼핑 사이트가 잡지나 TV 등의 광고 효과로 일정 시간 동안 접속이 폭발적으로 증가했다고 가정합니다. 이로 인해 시스템의 CPU나 메모리가 부족해서 성능이 떨어져 주문 페이지 요청에 대한 응답을 좀처럼 받지 못하는 현상이 생겼습니다.

이런 일이 발생하면 당연히 평소 쇼핑 사이트를 이용하는 단골 고객이나 신규 고객은 불편을 느끼고 불만을 갖게 됩니다.

TV나 잡지에 광고하는 목적은 신규 고객의 유입이지만, 시스템을 이용할 수 없다면 고객은 불만을 갖게 되고 기존 단골 고객의 쇼핑 사이트에 대한 신뢰도는 떨어질 수밖에 없습니다. 또 신규 고객을 확보하는 데도 실패하는 등 본말이 전도되는 역효과로 이어질 수도 있습니다.

이런 상황에 대비하여 시스템 이용이 피크일 때 성능 요구사항을 충분히 검토해야 합니다.

다음으로 확장성을 살펴보겠습니다.

확장성이란 시스템이 가동을 시작한 후 시스템 리소스가 부족할 때를 대비한 대책으로, 리소스 부족에 대한 성능 대책으로는 요구사항에 따라 다음 두 가지 구현 방법이 있습니다. 각 예는 그림 2-12와 같습니다.

(1) 스케일업

메모리, CPU 등 리소스를 더 큰 것으로 교체하는 것

(2) 스케일아웃

서버 장비 자체를 증설하여 리소스를 강화하는 것

▼ 그림 2-12 스케일업과 스케일아웃

[스케일업 사례: 기존 서버의 메모리 리소스를 1GB 증설하여 처리 성능 향상]

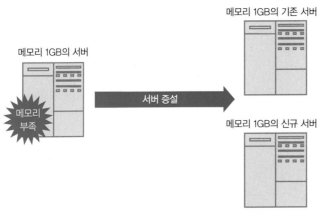

[스케일아웃 사례: 신규 서버를 증설하여 처리 성능 향상]

시스템을 가동한 후 시스템 사용자가 늘어나 리소스가 부족해지거나 저장 데이터가 증가하여 디스크 용량이 부족해질 수 있습니다.

예를 들어 시스템이 가동되고 3년 후 사용자 수가 300명에서 500명으로 증가한다고 요구사항을 정의하는 시점에서 예측하고는 이를 바탕으로 계획을 세웠다고 합시다. 그러면 사전에 확장이 지원되는 장비를 선정할 수 있으므로 가동 중 리소스가 부족하더라도 급하게 도입 계획을 세워야 할 필요가 없습니다.

비기능 요구사항 등급에서 성능 및 확장성 요구사항은 '① 업무 처리량', '② 성능 목표치', '③ 리소스 확장성', '④ 성능 품질 보증' 등 네 가지 항목으로 구성됩니다. 이 중에서 ①~③에 대한 요구사항을 자세히 살펴보겠습니다.

1. 업무 처리량

업무 처리량은 실제 업무를 운영하는 과정에서 발생하는 데이터양이나 온라인 배치 처리 건수 등을 의미합니다. 업무 처리량이라고 하면 기능 요구사항으로 생각할 수도 있지만, 이는 엄연한 비기능 요구사항입니다. 따라서 업무 처리량과 향후 증가 예측치는 성능과 확장성을 장비 사양에 어느 정도 반영해야 하는지 검토하는 데 필수적인 요구사항입니다.

업무 처리량을 예측하려면 다음 정보들을 예측하고 정의해야 합니다.

(1) 동시 사용자 수

특정 시점의 시간대에 시스템에 집중적으로 접속하는 사용자 수

(2) 데이터양

마스터 테이블, 트랜잭션 데이터와 로그 등 데이터양

(3) 온라인 요청 건수

단위 시간당 온라인 요청 건수

(4) 배치 처리 건수

단위 시간당 배치 처리 건수

2. 성능 목표치

성능 목표치는 실제 업무를 운영할 때의 성능 목표치입니다. 성능 목표치는 업무 처리량으로 구한 정보를 바탕으로 산정하는 요구사항 정의입니다. 특정 업무나 시스템을 운영할 때 예상되는 성능

부하를 바탕으로 '배치 처리는 어느 정도의 처리 시간까지 허용할지', '업무 처리는 어느 정도의 응답 시간까지 허용할지' 같은 요구사항을 의미합니다.

또 성능 목표치는 각 업무의 작업 내용에 따라 그 값이 달라집니다.

예를 들어 야간에 하는 백업 배치 작업이라면 오전 업무 시작 전까지 배치 작업을 완료해야 한다는 요구사항을 충족해야 합니다. 또 온라인 작업 중에서도 조회 작업인지, 갱신 작업인지에 따라 요구하는 응답 시간의 성능 목표치가 달라집니다. 조회 작업 시스템은 데이터를 조회만 하기에 처리 속도가 빠르지만, 갱신 작업 시스템은 데이터베이스 레코드 삽입이나 갱신 처리가 들어가므로 조회 작업 시스템에 비해 처리 속도가 느립니다. 따라서 작업 내용에 따라 목표치를 설정해야 합니다.

성능 목표치를 잘못 정의하면 처리 능력이 부족한 시스템이 가동되어 충분한 서비스를 제공하기 어려울 수 있습니다. 그 결과 나중에 리소스를 추가하는 등 추가 비용이 발생하는 리스크가 나타납니다.

3. 리소스 확장성

리소스 확장성은 시스템이 가동을 시작한 후 시스템 리소스가 부족할 때의 대책에 대한 요구사항입니다. 리소스 확장성도 앞서 설명한 성능 목표치와 마찬가지로 업무 처리량으로 구한 정보를 바탕으로 요구사항을 정의합니다. 예를 들어 '3년 후에는 시스템 사용자가 급증한다는 주장을 근거로 시스템의 부하 증가량을 예측하여 어느 정도의 리소스 확장이 가능한 시스템을 구축할지' 같은 내용을 검토해야 합니다.

시스템 가동 3년 후 시스템에 접속하는 사용자 수가 현재의 2배로 증가할 것으로 예상한 경우에는 3년 후를 내다보고, 구축 초기 시점에 CPU나 메모리의 리소스 용량을 손쉽게 스케일업할 수 있는 모델을 선정하거나 스케일아웃할 수 있는 아키텍처를 선정해야 합니다.

이런 리소스 확장성을 잘못 예측하면 나중에 리소스가 부족할 때 리소스를 강화하지 못하고 시스템을 교체하거나 재구축해야 하는 등 작업 비용이 많이 드는 리스크가 발생합니다. 반대로 필요 이상으로 고비용 시스템을 구축하면 하드웨어의 과잉 투자로 이어질 수 있습니다. 따라서 리소스 확장성 요구사항을 결정할 때는 미래를 내다본 예측치를 제대로 조사하고 요구사항을 정의해야 합니다.

2.3.3 비기능 요구사항 항목 3: 운영 및 유지보수성

운영 및 유지보수성에서는 시스템을 안정적으로 가동하는 것을 목적으로 시스템 운영과 유지보수 서비스에 대한 요구사항을 정의합니다.

운영 및 유지보수의 차이는 다음과 같습니다.

(1) 운영

시스템을 가동한 후 안정적으로 운영하는 것을 의미합니다. 모니터링 및 백업 등 정형적인 운영 작업을 지속적으로 수행해야 합니다.

(2) 유지보수

시스템에 변경을 가하는 작업입니다. 버그 수정이나 데이터베이스 튜닝, 장비 교체 등도 유지보수 작업입니다.

이런 운영 및 유지보수의 요구사항 정의는 시스템 가동 후에 하는 일이라 검토를 미루기 쉽지만, 뒤로 미룰수록 다음 실패 사례가 발생합니다.

> **실패 사례**
>
> 야간에 업무를 배치하는 처리 시간이 예상보다 더 많이 필요해서 야간 백업을 매일 수행할 수 없다는 것을 확인했다. 그래서 매일이 아닌 한 달에 한 번만 백업을 진행했다. 이 때문에 시스템에 장애가 발생했을 때 복구 목표 시점(RPO)은 24시간 이내가 아닌 1개월 이내로 변경되었고 데이터 손실 분량은 더 커져서 (이것에 영향받는) 리스크가 확대되는 것을 허용할 수밖에 없었다.

이런 상황이 발생하고 나서 수습하려면 너무 늦기에 운영 및 유지보수성도 요구사항 정의 단계에서 제대로 정의해야 합니다.

또 운영 및 유지보수 요구사항을 정의할 때는 자동화 요구사항도 정의해야 합니다.

예를 들어 매일 수행하는 백업 작업 등 정기적으로 같은 작업을 반복적으로 수행하는 것을 자동화하면 작업 누락이나 담당자의 휴먼 에러가 발생하는 것을 방지할 수 있고, 운영 비용을 절감하는 등 장점이 매우 많아집니다. 반면에 자동화를 구성하는 데는 초기 비용이 발생하므로 어떤 작업을 어느 범위에서 자동화할지 요구사항으로 정의해야 합니다.

비기능 요구사항 등급에서 운영 및 유지보수 요구사항은 다음 여섯 가지 항목으로 구성됩니다. 운영 패턴에 대한 요구사항에 해당하는 '① 일반 운영', '② 유지보수 운영', '③ 장애 시 운영' 항목과 시스템 운영을 어떤 환경, 조직, 정책으로 해야 하는지 검토하는 '④ 운영 환경', '⑤ 지원 조직', '⑥ 기타 운영 관리 방침' 항목입니다.

이 책에서는 이 중 운영 패턴에 해당하는 장애가 발생하지 않을 때 수행하는 일반 운영, 정기 패치 적용 등 유지보수 작업을 수행하는 유지보수 운영, 장애가 발생할 때 수행하는 장애 시 운영을 살펴보겠습니다.

1. 일반 운영

사용자 서비스를 문제없이 제공할 수 있게 평소 시스템 운영에 대한 요구사항을 정의합니다.

(1) 통상 운영 시간

통상 운영 시간은 평소 시스템 사용이 가능한 시간입니다. 통상 운영 시간은 사용자 관점에서 필요한 업무 시간과 시스템 운영 팀 관점에서 필요한 업무 외 시간 두 가지 관점에서 요구사항을 도출해야 합니다. 상세한 내용은 6.1절에서 자세히 살펴봅니다.

(2) 모니터링 운영

모니터링 운영은 시스템 장애를 초기에 발견하려는 목적에서 수행합니다. 장애 발생으로 소요되는 서비스 정지 시간을 최대한 줄이려면 우선 장애가 발생하는 것을 신속하게 인식해야 합니다. 또 모니터링하면 장애를 미연에 방지할 수 있으므로 모니터링 운영은 매우 중요한 작업입니다. 모니터링 운영은 어느 범위를 어느 수준까지 모니터링할지 요구사항으로 정의해야 합니다. 요구사항으로 정의한 정보를 바탕으로 도입하는 모니터링 소프트웨어와 모니터링 장비의 선정, 운영 서비스 수준을 결정합니다.

(3) 백업 운영

장애 발생이나 데이터 손실이 발생하더라도 백업을 정기적으로 수행하면 그 시점까지 데이터는 보장됩니다. 하지만 백업 대상이 동시에 손상되면 본전도 찾지 못하므로 백업 보관을 어디에 할지 검토하는 것도 매우 중요합니다. 또 백업 주기와 백업 보관 기간 등은 디스크 용량이나 성능 리소스에 영향을 미치므로 요구사항 정의 단계에서 확실히 정의해야 합니다.

백업에서 데이터를 복구하는 예는 그림 2-13과 같습니다.

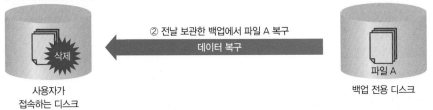

▼ 그림 2-13 백업에서 데이터 복구

① 파일 A를 실수로 삭제

② 전날 보관한 백업에서 파일 A 복구

데이터 복구

삭제

파일 A

사용자가
접속하는 디스크

백업 전용 디스크

2. 유지보수 운영

유지보수 운영은 시스템을 변경하는 작업을 의미합니다.

정기적인 시스템 점검 날짜가 사전에 정해져 있어 그 날 안에 유지보수 작업을 해야 하는 경우에는 단시간에 실수 없이 할 수 있도록 유지보수 작업의 자동화를 검토해야 합니다. 유지보수 작업의 자동화도 운영 작업의 자동화와 마찬가지로 사람 손을 거치지 않으므로 휴먼 에러를 예방할 수 있지만, 자동화 환경을 구축하는 데 비용이 발생합니다.

대표적인 유지보수 작업으로는 시스템 품질 확보를 위해 정기적으로 수행하는 OS 패치나 하드웨어의 펌웨어 업데이트 작업이 있습니다. 다음 적용 정책도 요구사항을 정의할 때 검토해야 합니다.

(1) 패치 적용 정책

모든 패치를 적용할지, 보안 등급이 높은 보안 패치만 적용할지, 패치를 적용하지 않을지 등 패치 정책을 결정합니다.

(2) 패치 적용 시기

최신 패치를 실시간으로 적용할지, 정기 유지보수를 할 때 한꺼번에 적용할지, 장애가 발생할 때만 적용할지 등 패치 적용 시기를 결정합니다.

3. 장애 시 운영

장애가 발생하여 사용자에게 제공되는 서비스에 문제가 발생했을 때 수행하는 시스템 운영 작업입니다.

업무가 정지되지 않게 장비를 이중화하는 것처럼 예상할 수 있는 범위 안에서 발생하는 장애는 가용성 대책으로 막을 수 있을 때가 많습니다. 하지만 이중화한 시스템의 이중 장애나 삼중 장애 등 예상치 못한 장애가 발생했을 때는 상황이 달라집니다. 막상 장애가 발생한 후에야 허둥지둥 대책을 세운다면 업무를 신속하게 복구할 수 없을 뿐만 아니라 장애 시 운영 방침에서 정한 복구 시간도 지킬 수 없습니다. 그리고 복구 시간이 길어질수록 시스템을 제공하는 기업의 신뢰, 손해, 업무에 미치는 영향은 커집니다.

장애가 발생했을 때 일반 운영에서 어떻게 장애 시 운영으로 전환할지를 사전에 요구사항으로 정의하는 것이 중요합니다.

예를 들어 비기능 요구사항 등급에서는 다음 요구사항을 정의합니다.

(1) 복구 작업

업무가 정지하는 장애가 발생했을 때의 복구 방법과 업무를 복구할 수 없을 때의 대체 업무 운영 범위를 정의합니다.

복구 방법으로는 직접 도구를 개발하거나 수작업으로 하는 방법부터 백업 솔루션을 이용한 방법까지 다양합니다. 또 복구 작업의 오퍼레이션을 자동화할 때는 자동화 범위를 어떤 업무까지 정할 것인지도 개발 비용과 복구 목표에 영향을 미치므로 요구사항으로 정의해야 합니다.

(2) 시스템 이상 감지 시 대응

장애가 발생했을 때 복구 작업을 대응하는 시간과 유지보수 담당자의 도착 시간 등을 정의합니다. 24시간 언제라도 운영 및 유지보수를 대응할 수 있는 조직 체계를 갖추는 것이 조기 복구에는 필요하지만, 운영 조직을 유지하는 데 비용이 발생합니다.

비용 대비 효과 관점에서 어떤 수준의 운영 조직으로 유지보수할 것인지 요구사항을 정의해야 합니다.

---

column ≡ | 인프라 관리 방법 변화

시스템 인프라가 다양해지고 시스템 구축 장소도 온프레미스와 클라우드를 혼용하는 환경으로 변화하고 있습니다. 이런 환경에서 인프라 관리 방법도 자연스럽게 변화하고 있습니다.

온프레미스로 구축된 기존 시스템은 현재 다음과 같이 형태가 다양합니다.

• 다양한 플랫폼의 서버가 여기저기 흩어져 있어 관리가 점점 어려워지고 있습니다.

• 물리적 서버 여러 대에 가상화 소프트웨어를 도입하여 흩어져 있던 서버군을 가상 서버군으로 전환해서 통합하고 있습니다.

• 비즈니스의 경쟁 우위를 갖고 있지 않는 상품화한 시스템은 클라우드 서비스로 전환하고 있습니다.

• 반대로 속도가 중요한(개발 착수도 사업 철수도) 신규 서비스를 클라우드에 구축하는 사례가 많아지고 있습니다.

이처럼 온프레미스와 클라우드 모두 하이브리드 클라우드라고 하는 환경을 관리하는 새로운 도전이 운영 부서에 요구되고 있습니다.

◐ 계속

하이브리드 클라우드 관리의 주요 포인트는 다음과 같습니다.

- 여러 운영 환경을 모니터링하고 장애 대응을 원활하게 수행할 수 있나요?

- 여러 환경에서 운영을 자동화할 수 있나요?

- 여러 환경에서 통합적인 사용자 관리와 SSO(Single Sign On) 등 투명한 시스템 접속 구현이 가능한가요?

현재 온프레미스에서 이용하는 운영 도구가 클라우드 지원 기능을 추가하고 있다면 그것을 먼저 검토하는 것이 좋습니다. 불행하게도 클라우드 지원 기능을 추가할 예정이 없다면 다른 옵션을 생각해야 합니다. 예를 들어 특정 OSS(Open Source Software) 솔루션에서는 각종 서버의 구성 관리 기능과 함께 애플리케이션 패키지나 파일 배포 기능, 가동하는 서버를 둘러싼 각종 기기를 제어할 수 있는 작업 수행 기능 등을 갖춘 것도 있습니다.

운영 부서는 운영에 드는 비용을 최적화하면서 자사에서 정한 운영 정책의 우선순위에 따라 관리 기능을 취사 선택할 수 있어야 합니다. 하이브리드 클라우드 환경 구축을 잘 알고 있는 클라우드 전문가에게 조언을 받는 것도 고려해 보기 바랍니다.

2.3.4 비기능 요구사항 항목 4: 마이그레이션

마이그레이션은 기존 시스템에서 신규 시스템으로 마이그레이션 요구사항을 정의합니다. 대상이 되는 기존 시스템 없이 신규 시스템을 개발할 때는 정의가 필요하지 않습니다.

마이그레이션에서는 주로 다음 사항을 검토합니다.

- 신규 시스템에 필요한 데이터 항목은 무엇인가요?

- 그중 기존 시스템에서 마이그레이션해야 하는 항목은 무엇인가요?

- 해당 항목은 현재 어디에 보관되어 있고, 어느 시점에 데이터를 마이그레이션해야 하나요?

또 마이그레이션에서는 운영 데이터를 다루어야 하기 때문에 사용자 요청에 따라 결정해야 하는 요구사항 항목이 많고, 인프라 엔지니어가 주체라서 시스템을 설계하는 범위가 제한됩니다. 따라서 3장 이후 설계 범위에서는 마이그레이션 항목을 제외했는데, 여기에서 간략하게 살펴봅니다.

비기능 요구사항 등급의 마이그레이션 항목은 '① 마이그레이션 기간', '② 마이그레이션 방식', '③ 마이그레이션 대상', '④ 마이그레이션 계획' 등 네 가지 항목으로 구성됩니다. 이 중 ①~③에 대한 요구사항을 자세히 살펴보겠습니다.

1. 마이그레이션 기간

기존 시스템에서 신규 시스템으로 전환할 때 기간이 얼마나 필요한지, 시스템을 전환할 때 기존 시스템의 정지 작업이 필요한지, 기존 시스템과 신규 시스템의 병행 가동 기간이 필요한지 등을 검토합니다. 시스템 정지일과 정지 시간을 연속해서 확보할 수 없을 때도 있으므로 주의해야 합니다.

2. 마이그레이션 방식

시스템을 마이그레이션할 때는 한 번에 정리해서 마이그레이션하는 일괄 마이그레이션과 단계적으로 여러 번에 나누어서 마이그레이션하는 단계 마이그레이션 두 가지 방식이 있습니다.

단계 마이그레이션은 다음 두 가지 마이그레이션 방식으로 나눕니다.

(1) 거점 전개 방식

시스템 마이그레이션을 여러 거점에서 서로 다른 시점에 전개하는 방식입니다.

거점 수에 따라 여러 단계를 정의합니다. 거점 전개 방식 예는 그림 2-14와 같습니다.

(2) 업무 전개 방식

시스템 마이그레이션을 여러 업무로 나누어 서로 다른 시점에 전개하는 방식입니다. 분할하는 업무 수에 따라 여러 단계를 정의합니다.

단계 수가 많으면 그만큼 신구 두 시스템의 공존 기간이 길어지고 병행 가동을 고려해야 합니다. 일괄 전개보다 다단계 전개의 난이도가 더 높으므로 주의해야 합니다.

▼ 그림 2-14 거점 전개 방식

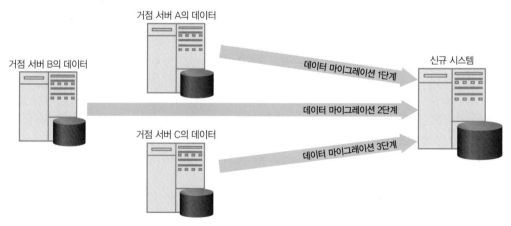

3. 마이그레이션 대상

시스템 마이그레이션의 대상이 되는 장비나 데이터를 정의합니다. 기존 시스템에서 (신규 시스템으로) 마이그레이션이 필요한 업무 데이터의 종류와 데이터양, 데이터베이스를 마이그레이션할 때 변환이 필요한 데이터양 등을 정의합니다.

예를 들어 단순히 전체 하드웨어를 교체한다면 모든 데이터가 마이그레이션 대상이 됩니다.

또 기존 업무 시스템 중 지정된 업무 범위만 새로운 시스템으로 마이그레이션할 때는 부분적인 범위에서 데이터 마이그레이션을 생각할 수 있습니다.

2.3.5 비기능 요구사항 항목 5: 보안

보안은 시스템 안전성을 확보하는 요구사항입니다. 보안 위협에는 DoS 공격 등으로 시스템 성능 저하, 시스템 정지 등 위협이나 바이러스 감염, 스푸핑[9] 등으로 정보 유출, 정보 변조 등이 있습니다. 이런 보안 위협에 따라 중요한 시스템일수록 사회적 신뢰도가 저하되고 경제적 손실 리스크가 높아집니다. 따라서 보안 요구사항은 이런 보안 위협을 사전에 방지할 목적으로 명확하게 정의해야 합니다.

하지만 보안 대책을 적용하면 일반적으로 시스템 성능에 영향을 미칩니다. 예를 들어 송수신 데이터를 암호화할 때는 각 데이터에 암호화 정보를 추가하여 주고받아야 하며 송수신 데이터양도 커집니다. 따라서 시스템 리소스를 결정할 때는 업무의 성능 요구사항을 충족한 후 보안 대책의 성능 영향분을 감안하여 시스템을 구성해야 합니다.

비기능 요구사항 등급의 보안 항목은 '① 전제 조건 및 제약 사항', '② 보안 분석', '③ 보안 진단', '④ 보안 리스크 관리', '⑤ 접속 및 이용 제한', '⑥ 데이터 은닉', '⑦ 부정 사용 추적 및 모니터링', '⑧ 네트워크 대책', '⑨ 멀웨어 대책', '⑩ 웹 대책', '⑪ 보안 사고 대응/복구' 등 총 11가지 항목으로 구성됩니다.

보안 위협과 대책 종류는 매우 많습니다. 이 절에서는 이 중 특히 일반적으로 적용해야 하는 보안 요구사항을 살펴봅니다.

---

9 **역주** 스푸핑(spoofing)이란 승인받은 사용자인 것처럼 위장하여 시스템에 접근하거나 네트워크상에서 허가된 주소로 가장하여 접근 제어를 우회하는 공격 행위를 의미합니다.

1. 접속 제한

접속 제한에서는 시스템에 로그인하는 사용자나 단말기를 ID, 비밀번호 등으로 식별하고 시스템 조작을 제한합니다.

접속을 제한하는 인증 방법에는 ID/비밀번호 인증 이외에도 IC 카드를 이용한 인증이나 얼굴 인식, 지문 등을 이용한 접속 인증도 있습니다.

접속을 제한하는 인증 기능을 이용하면 시스템에 허가되지 않은 사용자가 부정으로 접근하는 것을 제어할 수 있습니다.

인증 기능을 이용하면 시스템에 로그인한 사용자는 시스템 관리자가 허가한 작업만 수행할 수 있습니다.

예를 들어 인사 팀 A씨는 인사 팀 데이터베이스 정보에 한해 조회는 가능하지만, 쓰기 권한이 없어 갱신은 할 수 없습니다. 이에 비해 시스템 팀 B씨는 인사 팀 데이터베이스 정보를 갱신할 수 있는 권한이 있으므로 데이터를 수정할 수 있습니다. 또 부정 사용자는 시스템에 인증하여 로그인할 수 없으므로 인사 팀 데이터베이스를 조회할 수도 갱신할 수도 없습니다.

접속 제한 예는 그림 2-15와 같습니다.

❤ 그림 2-15 접속 제한

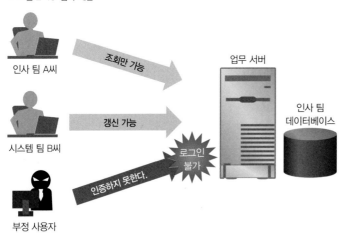

2. 데이터 암호화

데이터 암호화는 기밀성이 높은 데이터를 은닉하고자 전송하거나 저장할 때 데이터 자체를 암호화하는 것입니다. 데이터 암호화에서 요구사항 정의는 어떤 대상 데이터를 어느 시점에 어떤 방법으로 암호화할지 정의합니다.

데이터를 암호화하면 악의를 가진 사용자가 부정하게 입수하더라도 데이터 내용을 해독할 수 없으므로 안심할 수 있습니다. 암호화 예는 그림 2-16과 같습니다.

▼ 그림 2-16 데이터 암호화

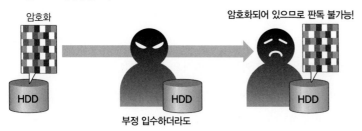

3. 멀웨어 대책

멀웨어(malware)[10]란 그림 2-17과 같이 다른 프로그램을 감염시키는 컴퓨터 바이러스, 네트워크를 이용하여 자기 증식하는 웜 바이러스, 정식 소프트웨어를 가장하여 단독으로 동작하는 트로이 목마 등 악성 소프트웨어를 의미합니다.

▼ 그림 2-17 멀웨어

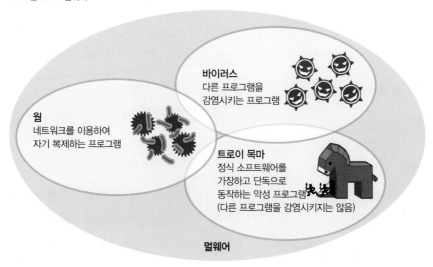

---

10 역주 멀웨어(malware, malicious software)란 악의적 목적에서 작성한 실행 가능한 코드 통칭으로, 자기 복제 능력과 감염 대상 유무에 따라 바이러스, 웜, 트로이 목마 등으로 분류됩니다. 악성 프로그램(malicious program), 악성 코드(malicious code)라고도 합니다.

멀웨어 감염 위협은 중요한 업무 데이터의 유실이나 정보 유출처럼 기업에 악영향을 주므로 사전에 감염을 예방해야 합니다.

멀웨어 대책이란 멀웨어 감염을 예방하는 것으로, 일반적으로 서버에 설치하는 바이러스 검사 소프트웨어에서 수행합니다.

바이러스 검사 소프트웨어는 바이러스 검색 엔진으로 서버에 있는 하드 디스크의 검색 대상인 파일을 스캔하여 검사를 수행하고 바이러스 감염 여부를 정기적으로 확인합니다.

검색 엔진은 바이러스를 검사할 때 최신화된 바이러스 정의 파일을 기반으로 검사합니다. 바이러스 검사 시점은 다음 두 가지로, 어느 시점에 검사를 수행할지 정의합니다.

(1) 실시간 검사

새로운 파일이 생성된 시점 등에 해당 파일을 실시간으로 검사합니다. 어느 시점에 검사를 수행할지는 바이러스 검사 소프트웨어에서 설정하고 검토해야 합니다. 실시간 검사는 보안 이상을 즉시 발견할 수 있다는 점에서 뛰어나지만, 새로운 파일을 생성할 때마다 검사하므로 시스템 성능에 미치는 영향이 커집니다.

(2) 정기 전체 검사

정기적으로 모든 파일의 전체 검사를 수행합니다. 시간도 걸리고 시스템 리소스를 소비하므로 일반적으로 야간이나 주말 등 업무 시간 외에 수행합니다. 실시간 검사는 성능 면에서 업무에 영향을 미치므로 업무 시간 외에 한꺼번에 검사하는 경우에는 정기 전체 검사를 선택합니다.

일반적으로 보안 위협을 고려하여 실시간 검사와 정기 전체 검사를 함께 사용할 때가 많아지고 있습니다.

4. 부정 모니터링

보안 위협은 외부 접근에만 해당하지 않습니다. 악의를 가진 개발자가 시스템을 부정 조작하고 정보를 유출하는 사례도 있습니다. 그런 위협을 방지하려면 부정 모니터링이 필요합니다. 부정 모니터링은 작업 로그의 취득 유무, 로그의 보관 기간, 모니터링 범위, 모니터링 주기 등을 정의합니다.

작업 로그 모니터링 예는 그림 2-18과 같습니다.

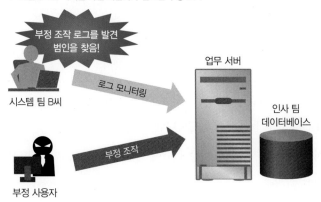

▼ 그림 2-18 악의를 가진 개발자가 일으킨 부정 조작

5. 네트워크 대책

부정한 통신을 차단하려는 목적에서 방화벽 도입 등 통신 제어를 수행할지 정의합니다. 시스템에 불필요한 IP 주소나 프로토콜 통신을 모두 차단하여 악의를 가진 외부 통신을 방해할 수 있습니다.

이상 보안 요구사항 정의를 살펴보았습니다.

보안 요구사항 정의에서는 보안 대책의 수행 여부를 정의하고 보안 대책을 수행하지 않을 때의 리스크도 미리 합의해야 합니다.

2.3.6 비기능 요구사항 항목 6: 시스템 환경 및 그린 IT

시스템 환경 및 그린 IT는 시스템 환경과 그린 IT에 대한 요구사항을 정의합니다.

시스템 환경에서는 시스템 구축 및 운영할 때의 제약 사항이나 전제 조건, 장비의 설치 환경 조건 등 시스템 설치 전에 확인해야 할 전제 조건에 대한 요구사항을 정의합니다. 그린 IT에서는 CO_2 배출량 목표치나 소음 값 등 환경 관리 요구사항을 정의합니다.

또 시스템 환경 및 그린 IT는 데이터센터의 특성 등 요구사항에 주로 사용하며, 사용자 요청에 따라 결정해야 하는 요구사항이 많고 인프라 엔지니어가 주체라서 시스템을 설계하는 범위가 제한됩니다. 따라서 4장 이후 설계 범위에서는 시스템 환경 및 그린 IT 항목을 제외하므로 이 절에서 간략하게 살펴봅니다.

비기능 요구사항 등급의 시스템 환경 및 그린 IT 항목은 '① 시스템 제약 및 전제 조건', '② 시스템 특성', '③ 규정 준수', '④ 장비 설치 환경 조건', '⑤ 환경 관리' 등 다섯 가지 항목으로 구성됩니다.

시스템 환경 및 그린 IT에는 매우 세밀한 항목이 많으므로 이번에는 그중 대표적인 시스템 환경 및 그린 IT 요구사항을 설명합니다.

1. 시스템 제약 및 전제 조건

사용자 기업에 따라 시스템 구축 및 운영할 때의 제약 사항이나 전제 조건을 미리 정의하거나 규칙화합니다. 시스템을 구축할 때의 설계 표준 등이 이에 해당합니다.

시스템 제약이나 전제 사항은 회사가 정한 규칙이므로 나중에 쉽게 변경할 수 없습니다. 반드시 충족해야 하는 최소 조건과 같습니다.

규칙에 따르지 않은 요구사항 정의나 설계는 개발 재작업 등 문제로 이어지기 쉬우므로 시스템 제약, 전제 조건의 요구사항 정의는 사전에 빠짐없이 요구사항 정의 단계에서 확인해야 합니다.

2. 장비 설치 환경 조건

구축하는 시스템의 설치 장소를 결정하려면 장비 설치 환경 조건에 대한 요구사항은 사전에 정의 해야 합니다. 시스템은 전자 기계이므로 강한 충격이나 열 폭주[11] 등으로 고장이 발생하기 쉽습니다. 따라서 에어컨을 구비하거나 재해에 대비한 내진, 면진 등 대책이 필요합니다. 또 데이터센터 에 내하중 제한이 있으므로 랙 안에 들어가는 하드웨어 장비의 시스템 무게나 설치 공간 정의도 필요합니다.

3. 환경 관리

최근 친환경적인 환경 조성을 주제로 일본 정부는 전 세계 이산화탄소 배출량을 현재 대비 2050 년까지 반감시키려는 저탄소 사회 조성 활동을 추진하고 있습니다. 따라서 IT 기업의 사회 공헌 의 하나로, 사회나 기업의 환경 부하를 감소시키는 그린 IT가 기업 이미지 향상으로 이어져 주목 받고 있습니다. 비기능 요구사항 등급에서도 에너지 소비효율, CO_2 배출량 및 저소음이라는 환경 관리 요구사항을 정의하는 항목이 마련되어 있습니다. 또 그린 IT는 기업의 CSR(Corporate Social Responsibility)[12]이라는 사회적 책임을 구현하는 관점에서도 기업이 사회적 신뢰를 얻는 데 중요한 요구사항 항목이 됩니다.

---

11 역주 열 폭주는 이상 현상에 따른 온도 상승으로 소비 전력이 증가하여 급격히 온도가 상승하는 현상을 의미합니다.

12 역주 CSR(Corporate Social Responsibility)이란 기업의 사회적 책임이라는 의미로, 기업이 경제적 책임이나 법적 책임 외에도 폭넓은 사회적 책임을 적극 수행해야 한다는 것입니다.

설명이 길어졌지만 지금까지 나온 내용이 비기능 요구사항 등급이 정의하는 비기능 요구사항 내용입니다.

확실히 요구사항을 정의하고 프로젝트를 성공으로 이끌려면 이처럼 많은 요구사항을 빠짐없이 질적으로 사용자와 합의해야 한다는 것을 알 수 있었습니다. 따라서 비기능 요구사항 등급 같은 표준 도구는 요구사항 정의를 누락하는 것을 방지하는 데 매우 도움이 됩니다.

2.4 요구사항 구현: 시스템 구성을 결정하는 접근 방법

INFRA ENGINEER

이 절에서는 요구사항을 충족하는 시스템 구성을 결정하는 접근 방법을 소개합니다. 개발 업체는 프로젝트 목적에 따라 적절한 시스템 구성을 다음 순서로 설계합니다. 실제로는 기능 요구사항을 포함하여 시스템 구성을 결정해야 하지만, 인프라 엔지니어가 알기 쉽도록 비기능 요구사항에 따라 내용을 살펴봅니다.

1. 요구사항 구현 방안 도출 및 결정

하나하나의 요구사항에 대해 시스템으로 어떻게 구현할지 그 방안을 최대한 도출합니다. 다양한 관점에서 구현 방안을 최대한 도출해서 품질과 비용 관점에서 사용자에게 맞는 최적의 구성을 선택할 수 있습니다.

요구사항 구현 방안을 도출하는 예는 그림 2-19와 같습니다. 그림에서는 협의 과정에서 다양한 의견을 내어 요구사항의 구현 방안을 도출 및 검토합니다.

2. 필요 기능 도출

이전 단계에서 파악한 구현 방안을 이용하여 최적의 시스템 구성을 구축하는 첫걸음으로 수행해야 하는 단계가 '필요 기능 도출'입니다. 여기에서는 '어떤 서버가 필요한가'라는 관점이 아니라 '어떤 기능이 필요한가'라는 관점에서 생각해야 합니다.

필요 기능 도출 예는 그림 2-20과 같습니다. 서로 다양한 의견을 내면서 필요 기능을 도출합니다.

▼ 그림 2-20 비기능 요구사항의 구현 방법에 대한 필요한 기능 도출

3. 배치 설계

배치 설계는 이전 단계에서 검토한 필요 기능을 어느 노드에 배치할지 설계하는 것입니다. 선정하는 서버 구성이나 리소스 배분부터 어떤 시스템을 구성하는 것이 가장 적합한지까지 검토합니다. 배치 설계로 시스템 구성의 기반을 완성합니다. 배치 설계 예는 그림 2-21과 같습니다.

▼ 그림 2-21 배치 설계

업무 서버   업무 서버(이중화)   모니터링, 바이러스 대책 서버   백업 서버

4. 제품(솔루션) 선정

제품 선정에서는 앞 단계에서 검토한 시스템 구성에서 동작하는 기능 컴포넌트를 구체적으로 어떤 제품을 이용하여 구현할지 검토합니다. 요구사항을 충족하는 것은 물론이고, 비용이나 적용 사례 유무도 고려 사항이 됩니다. 제품 선정 예는 그림 2-22와 같습니다. 서로 다양한 의견을 내면서 제품을 선정하고 있습니다.

▼ 그림 2-22 제품 선정

5. 시스템 구성 확인

제품 선정까지 결정하면 시스템 구성이 완성됩니다. 마지막으로 시스템 구성이 모든 요구사항을 충족하는지, 경영 전략 목적을 충족하는지 등의 관점에서 시스템 구성과 요구사항 정합성을 최종적으로 확인합니다.

- 이 시스템 구성이 가장 최적의 시스템 구성인가요?
- 리스크 요인이나 대책에 대해 검토되어 있나요?
- 미결정된 항목에 대해 과제 관리를 하고 있나요?

    앞의 요구사항과 같은 관점에서 충분히 설명할 수 있는 수준인지 확인해야 합니다.

정합성을 확인하는 수단으로는 요구사항 정의서나 RFP의 정합성을 점검하는 방법이 일반적입니다. 정합성 확인 예는 그림 2-23과 같습니다.

▼ 그림 2-23 시스템 구성과 요구사항 정의서, RFP의 정합성 확인

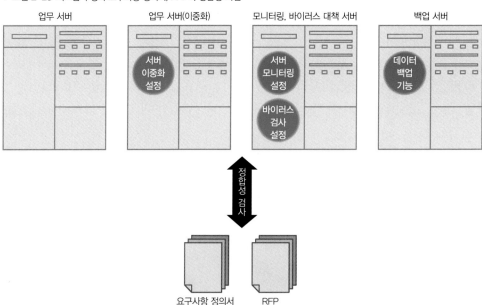

3^장

요구사항 정의에서 설계로

1장에서는 인프라 구축 흐름을, 2장에서는 비기능 요구사항에 대한 요구사항 정의를 살펴보았습니다. 시스템 요구사항을 구현하려면 어떤 내용을 검토해야 하는지 이해했을 것입니다.

그럼 비기능 요구사항을 정의한 시스템을 구현하려면 다음으로 무엇을 해야 할까요? 요구사항 정의 단계에 요구한 시스템이 구현되어 있는 것은 아닙니다. 요구사항 정의가 완료되면 그 요구사항을 충족시키기 위해 어떻게 구성할지 구체적인 방법이나 방식을 검토해야 합니다. 이것이 설계 작업입니다.

3장에서는 설계란 무엇인지, 요구사항 정의에서 설계로 어떻게 연계해 나가는지 웹 시스템 설계 예로 살펴보겠습니다.

3.1 설계란 무엇인가

지금까지 인프라 구축 흐름과 비기능 요구사항에 대한 요구사항 정의를 살펴보았습니다.

4장부터는 본격적으로 인프라 설계를 살펴볼 예정이며, 그 전에 '도대체 설계란 무엇인가'라는 기본적인 개념으로 요구사항 정의의 다음 단계인 설계 단계를 알아보겠습니다.

설계는 이미 1.4절에서 살펴본 내용처럼 요구사항 정의 단계에서 구현하려는 시스템 요구사항을 정의하고, 사양을 결정한 후 그 사양을 구현하는 방법과 내용을 설계(디자인)하는 단계입니다.

요구사항을 정한 단계에서는 시스템으로 구현하는 분류와 정리가 충분하게 진행되지 않았을 수도 있습니다. 따라서 요구사항 정의 단계에서는 검토한 항목을 시스템화하는 데 요구사항을 좀 더 구체화하는 작업이 필요합니다. 이처럼 요구사항을 구현 가능하게 상세화하는 작업이 바로 설계(디자인)입니다.

설계 목적은 개발자(설계자 포함)가 구현하고자 하는 시스템 동작 방식을 올바르게 이해하고, 이후 단계에서도 공통된 지침과 인식을 가짐으로써 방향을 그르치지 않고 본래 목표한 시스템을 구현하는 것입니다.

목표로 하는 시스템을 구현하는 데 필요한 설계의 공통 지침은 그림 3-1과 같습니다.

❤ 그림 3-1 시스템을 구현하는 데 필요한 공통 지침

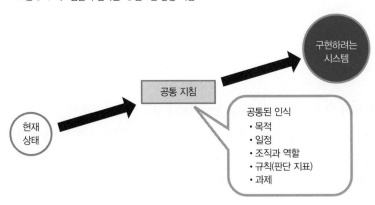

3.2 기본 설계와 상세 설계

이 절에서는 기본 설계와 상세 설계의 역할을 살펴봅니다. 개발 단계에서 기본 설계와 상세 설계는 기획 및 계획 단계의 요구사항 정의와 테스트 단계 사이에서 이루어집니다.

기본 설계는 기획 및 계획 단계에서 정의한 요구사항 정의서를 바탕으로 검토하여 설계하며, 이후 단계에서 하는 상세 설계를 이어 주는 역할을 합니다. 즉, 요구사항 정의(사용자 요구사항을 사양으로 정리)를 참고하여 어떤 시스템을 구현하는지 전체적으로 인식하고, 시스템 개요와 기본적인 것을 고려하여 기본 개념을 논리적으로 정의합니다. 즉, 요구사항 정의를 입력 정보로 하여 논리적으로 구체화한 것이 기본 설계입니다. 기본 설계 위치는 그림 3-2와 같습니다.

▼ 그림 3-2 기본 설계 위치

기본 설계 단계에서 검토해야 할 논리적 정의 개념을 누락하거나 검토해야 할 내용의 방향성이 다르다면 이후 단계인 상세 설계에도 영향을 미칩니다. 경우에 따라서는 재작업이 필요하여 일정이 지연되는 원인이 되기도 합니다. 따라서 기본 설계는 요구사항 정의에서 요구되는 방침과 방식을 결정하고, 상세 설계 단계에서 설계가 가능한 수준까지 상세화하는 것이 중요합니다.

상세 설계에서는 기본 설계에서 결정한 정보를 바탕으로 시스템을 구현하는 데 필요한 정보를 상세화합니다. 인프라 기반이라면 서버와 관련한 OS나 미들웨어 등 동작 사양 정의, 구현할 때 파라미터 정의(OS나 미들웨어와 관련한 각종 설정 값), 프로그램 사양 등 시스템 구축 담당자가 차질 없이 작업할 수 있는 수준까지 구체적으로 상세화합니다. 기본 설계(기본 설계서)를 바탕으로 더 상세한 설계를 정의하는 것이 상세 설계(사양서)입니다. 기본 설계와 상세 설계의 관계는 그림 3-3과 같습니다.

▼ 그림 3-3 기본 설계와 상세 설계의 관계

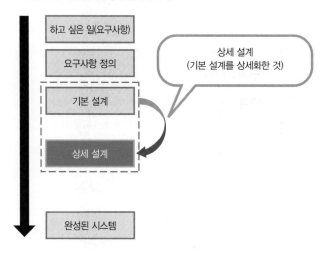

INFRA ENGINEER

3.3 설계 모델 시스템: 3계층 시스템이란

이 책에서 사용하는 설계 모델인 3계층 시스템[1]을 살펴보기 전에 좀 더 단순한 2계층 시스템을 먼저 살펴봅니다.

1. 2계층 시스템

현대의 업무 시스템은 별도로 업무 프로그램을 설치하지 않고 웹 브라우저로 업무 처리 사이트에 접속하여 업무를 처리하는 것이 일반적인 형태입니다.

하지만 웹이 등장하기 전 업무 시스템은 비디오 대여점 관리 프로그램처럼 프로그램을 PC 같은 클라이언트 단말기에 설치하고 데이터도 로컬에 저장하는 1계층 구조가 많았습니다. 이후 업무

---

1 역주 3계층 시스템은 3계층 구조(three tier architecture)를 가진 시스템을 의미합니다.

네트워크가 보급되면서 버스 좌석 예매 시스템처럼 클라이언트 단말기에 전용 프로그램을 설치하고 데이터는 중앙에 저장하는 2계층 구조가 일반화되었습니다.

2계층 구조로 구성된 시스템은 여러 클라이언트가 동시에 업무를 처리할 수 있는 능력은 있지만 몇 가지 문제점[2]이 있습니다.

- 애플리케이션 프로그램이 클라이언트에서 동작하므로 사용하기 편한 애플리케이션을 만들 수 있지만, 클라이언트 측에 업무 처리를 의존합니다.
- 프로그램 갱신이 빈번하게 발생하면 그때마다 클라이언트에 배포해야 하므로 대상 클라이언트가 많으면 시스템을 운영하는 데 시간이 소요됩니다.
- 기능이 추가됨에 따라 클라이언트에 더 많은 자원이 필요할 수 있으며, 업무 처리가 클라이언트 환경에 영향을 받습니다.

2계층 시스템의 문제점은 그림 3-4와 같습니다.

❤ 그림 3-4 2계층 시스템(클라이언트/서버 시스템)의 문제점

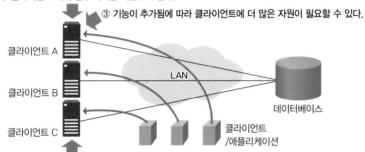

① 클라이언트 측에 업무 처리를 의존하기 쉽다.

③ 기능이 추가됨에 따라 클라이언트에 더 많은 자원이 필요할 수 있다.

클라이언트 A

클라이언트 B

LAN

데이터베이스

클라이언트 C

클라이언트/애플리케이션

② 모든 클라이언트가 애플리케이션을 도입해야 한다.

2. 3계층 시스템

최근 웹 시스템에서는 앞 절에서 설명한 세 가지 문제를 해결하고자 3계층 시스템 방식을 채택했습니다. 3계층 시스템은 웹 서버에 HTML 같은 정적 콘텐츠를 배치하고, AP(애플리케이션) 서버에는 프로그램을 배치하고, DB(데이터베이스) 서버에는 조건에 맞는 데이터를 저장하는 것처럼 각 서버에 역할을 부여합니다. 이처럼 서버 측을 기능 계층 세 개로 나누면 2계층 시스템 문제를 해결할 수 있습니다.

---

2 **역주** 2계층 시스템은 사용자가 증가하면 네트워크, DB 자원 등 병목이 발생하여 확장이 어려우며 성능이 현저히 저하되고, 주요 비즈니스 로직을 클라이언트에서 처리하므로 상대적으로 보안에 취약한 문제점이 있습니다.

3계층 아키텍처는 애플리케이션 아키텍처 중 하나이며, 물리적인 서버 단위나 소프트웨어 단위로 나누는 계층이 아닙니다. 일반적인 3계층 아키텍처는 그림 3-5와 같습니다.

❤ 그림 3–5 일반적인 3계층 아키텍처

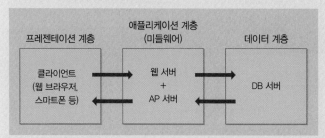

아키텍처 설계 관점에서 바라보니 여기에서 언급한 3계층 아키텍처 시스템은 애플리케이션 관점의 3계층 아키텍처와 다소 차이가 있습니다. 그러나 개념적으로는 각 서버 및 소프트웨어에서 처리를 담당하는 부분이 3계층 아키텍처의 각 계층과 어느 정도 연관이 있습니다. 이후 이 책에서 설명하는 3계층 아키텍처 시스템은 각 계층이 웹 서버–AP 서버(WAS)–데이터베이스로 구성된 시스템을 의미합니다.

3계층 시스템의 처리 동작을 간결하게 정리하면 다음과 같습니다.

① 클라이언트는 웹 브라우저에서 웹 서버로 요청을 보냅니다.

② 웹 서버는 수신한 요청을 AP 서버에 전달하고 프로그램을 실행합니다.

③ AP 서버에서 실행한 프로그램은 웹 서버의 요청을 처리하고 DB 서버에서 데이터를 받아 옵니다.

④ AP 서버는 DB 서버에서 반환한 데이터를 웹 서버에 돌려줍니다.

⑤ 웹 서버는 AP 서버에서 받은 결과를 클라이언트의 웹 브라우저에 돌려줍니다.

외부 시스템과 파일 연계는 그림 3-6에서 살펴봅니다.

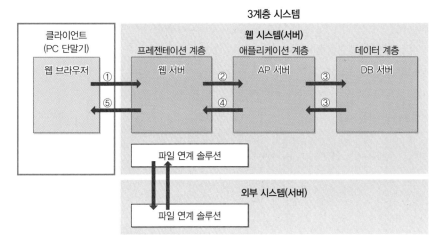

3. 3계층 시스템 구조

3계층 시스템을 구축할 때 어떤 역할을 하고 어떤 방식으로 동작하는지 프레젠테이션 계층, 애플리케이션 계층, 데이터 계층의 관점에서 좀 더 구체적으로 살펴보겠습니다.

(1) 프레젠테이션 계층(그림 3-6 ①, ⑤ 처리)

웹 서버는 HTML이나 이미지 파일 등 실시간으로 변화하지 않는 정적 콘텐츠를 HTTP 프로토콜 응답으로 웹 브라우저로 보내는 역할을 담당합니다. 한편 웹 서버는 애플리케이션 처리 요청도 웹 브라우저에서 받는데, 이때는 콘텐츠를 직접 반환하지 않고 애플리케이션 계층을 이루는 AP 서버에 처리를 위임합니다. 아파치(Apache) 같은 웹 서버 소프트웨어는 httpd라는 프로세스를 서버의 메모리상에 실행하여 HTTP 요청에 대한 응답을 클라이언트에 반환합니다.

(2) 애플리케이션 계층(그림 3-6 ②~④ 처리)

AP 서버는 웹 서버에서 비즈니스 처리 요청을 받으면 애플리케이션 서버라는 자바 프로세스를 사용하여 처리합니다. 일반적으로 애플리케이션 서버는 DB 서버에 질의하여 조회, 등록, 수정, 삭제 등 데이터 처리를 합니다. 처리 결과는 웹 서버를 거쳐 클라이언트에 반환합니다.

(3) 데이터 계층(그림 3-6 ③ 처리)

DB 서버는 데이터 저장소로 대량의 데이터를 관리합니다. DB 서버는 애플리케이션 계층에 배치된 AP 서버에서 요청을 받아 SQL 쿼리를 실행하여 결과를 다시 반환합니다.

웹 시스템에서 외부 시스템과 데이터를 교환할 때 파일 연계 처리를 해야 하는 시스템도 있습니다. 외부 시스템과 파일 연계 솔루션을 이용한 비동기 통신 예는 그림 3-6과 같습니다.

그림 3-7은 클라이언트 측의 웹 브라우저 화면에서 문서 데이터를 조회하는 예입니다. 3계층 시스템 측에 파일 연계 솔루션[3]을 이용하여 비동기 통신으로 데이터 전송 기능을 제공하며, 외부 시스템의 문서 데이터를 웹 시스템 측과 연계하도록 구현합니다. 이처럼 외부 시스템과 데이터를 교환할 때도 파일 연계가 필요하므로 어떻게 구현하면 좋을지 검토해야 합니다.

▼ 그림 3-7 3계층 시스템과 파일 연계 솔루션을 이용한 비동기 통신

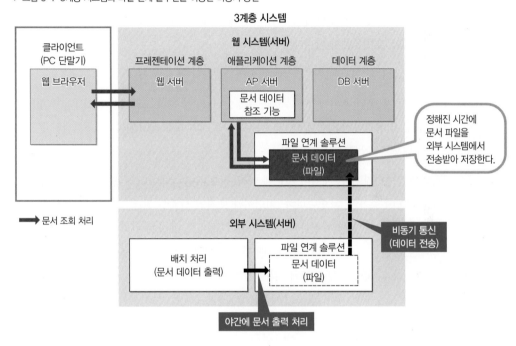

4. 3계층 시스템의 비기능 요구사항

3계층 시스템을 운영할 때 어떤 비기능 요구사항을 생각해야 하는지 알아보겠습니다.

3계층 시스템 구성을 고려할 때는 운영 환경을 구성하는 각 서버나 미들웨어 등 장애 발생에 대해서도 검토해야 합니다. 또 장애가 발생할 때 사용자가 어디까지 3계층 시스템 중단을 허용할 수 있는지 확인해야 합니다. 그 요구사항에 따라 3계층 시스템에 연결하는 통신 경로나 서버 구성을

---

3 <u>역주</u> 파일 연계 솔루션은 간단한 연계 시스템을 설명하는 예제입니다. 실제 현업에서는 메시지 큐 솔루션을 이용하여 데이터를 주고받거나 파일 전송 프로토콜(FTP) 기능을 이용하여 파일 연계 모듈도 개발할 수 있습니다.

결정하고, 내결함성 요구사항을 충족하도록 웹 시스템의 서비스 정지 시간은 어디까지 단축할 수 있는지 생각해야 합니다.

구체적인 가용성과 내결함성 설계 내용은 4장에서 살펴보겠습니다.

또 3계층 시스템으로 시스템을 구축했지만 사용자가 웹 화면에서 조회할 때 조회 결과를 보여 주는 데 상당한 시간이 소요될 수도 있습니다. 설상가상으로 시스템을 구축한 지 오랜 시간이 지나 사용자가 증가하여 처리하는 데 더 많은 시간이 소요되고, 업무 종료 시간까지 업무 처리를 끝내지 못하는 일이 발생할 수도 있습니다.

이런 미래를 내다보고 업무에 영향이 없도록 유연하게 리소스를 확장하는 방법을 생각하여 성능 및 확장성을 설계할 때 반영해야 합니다.

구체적인 성능 및 확장성 설계 내용은 5장에서 살펴보겠습니다.

3계층 시스템 가동 후 운영 조직에서 시스템을 운영합니다. 이 운영 조직에서 시스템을 어떻게 운영해 나가야 좋을지 생각하는 것이 운영 및 유지보수 설계의 주요 목표입니다. 구체적인 운영 및 유지보수 설계 내용은 6장에서 살펴봅니다.

3계층 시스템을 운영하다 보면 세월이 지남에 따라 '정보 유출', '데이터의 변조 및 파괴', '업무 서비스 중단' 등 위험이 증가할 수 있습니다. 기업이나 조직의 생존을 위협하는 위험이 발생할 수도 있습니다. 이런 침입으로 발생한 정보 유출, 웹 페이지 변조, 제삼자 공격, 스푸핑 취약점 발견, 바이러스 감염으로 입은 피해 등에 대해 시스템 안전을 어떻게 확보할지 생각하는 것이 보안 설계의 주요 목표입니다. 구체적인 보안 설계 내용은 7장에서 살펴보겠습니다.

4^장

가용성 설계 이론

2장에서 살펴본 바와 같이 가용성(availability)[1]은 '사용자가 보기에 시스템이 사용 가능한 정도'를 나타냅니다. 대상 시스템의 중요도에 따라 시스템을 얼마나 정지할 것인지 허용하는 정도가 달라집니다.

인프라 설계자는 요구사항 수준을 충족하고자 시스템 중요도에 따라 다양한 선택지에서 적절한 방법을 선택하고 조합하는 지식을 갖는 것이 중요합니다.

4장에서는 가용성 중에서 가장 기본이 되는 내결함성 설계에 초점을 맞추어서 살펴봅니다.

---

1   역주 시스템 품질 속성으로 시스템이 장애 없이 정상적으로 운영되는 능력을 의미합니다.

4.1 가용성 설계: SPOF와 다중화

이 세상에서 고장 나지 않는 기계는 없습니다.

최근 하드웨어 신뢰성이 매우 높아졌지만, 그래도 한 제품에 사용하는 개별 부품(단일 부품)의 고장 발생률을 0%로 만들 수는 없습니다.

따라서 인프라 설계에서는 고장(장애)이 발생하는 것을 전제로 하여 특정 부분에서 단일 장애가 발생하더라도 시스템 전체에는 영향을 미치지 않는 시스템 구성과 구조를 고려하는 것이 중요합니다. 이를 내결함성 설계라고 합니다.

내결함성을 설계하는 데 빼놓을 수 없는 것이 **단일 장애점**(Single Point Of Failure, SPOF)이며, 이는 시스템의 특정 부분이 고장이 나 사용할 수 없는 상태가 되는 것을 의미합니다. 그림 4-1은 SPOF 예입니다.

▼ 그림 4-1 SPOF 예[2]

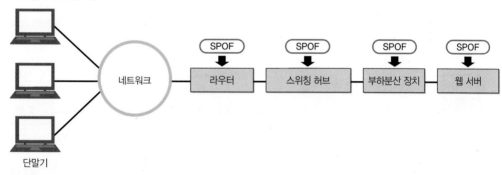

그림 4-1의 시스템 구성에서는 단말기에서 웹 서버로 접속할 때 통신 데이터가 통과하는 장비 중 하나라도 고장이 나면 즉시 웹 시스템은 사용할 수 없는 상태가 됩니다.

그림 4-2는 SPOF로 발생한 시스템 장애 예입니다. 여기에서는 스위칭 허브가 고장이 났다고 가정합니다.

---

2   역주 일반적으로는 L4 같은 스위치가 부하분산 기능을 수행합니다.

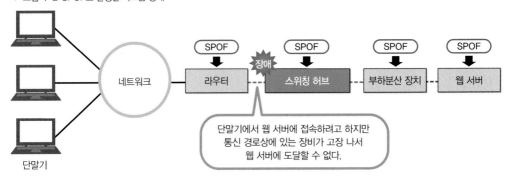

▼ 그림 4-2 SPOF로 발생한 시스템 장애

SPOF에서 장애가 발생하면 장애를 해결하고 시스템을 복구할 때까지 해당 시스템은 사용할 수 없는 상태가 됩니다. 시스템을 사용할 수 없는 시간이 길어질수록 시스템 가용성은 더 낮아집니다. 이런 사태를 피하려면 내결함성 설계에서는 **SPOF를 제거한다**는 개념을 기본 원칙으로 해야 합니다.

그렇다면 어떻게 SPOF를 제거할 수 있을까요? 이는 시스템을 구성하는 요소를 다중화하여 단일점이 아닌 상태로 만들어 해결할 수 있습니다. 이를 이중화라고 합니다. 그림 4-3은 시스템 이중화 구성 예입니다.

▼ 그림 4-3 시스템 이중화

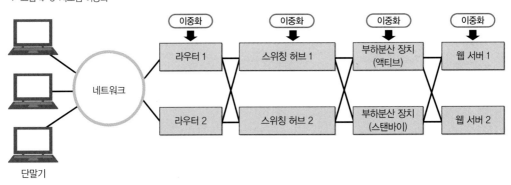

그림 4-3에서는 서버 장비와 네트워크 장비를 각각 이중화하고 있습니다. 이때 어느 한 장비에 장애가 발생하더라도 장애 경로를 우회하여 웹 서버까지 접근할 수 있기에 장애 때문에 시스템을 사용할 수 없는 시간을 단축할 수 있습니다.

현재 사용하는 네트워크 장비는 모두 고속으로 처리하므로 단순한 장비 고장이라면 순간적으로 경로를 전환하여 우회합니다. 그림 4-4는 경로를 우회하는 예입니다.

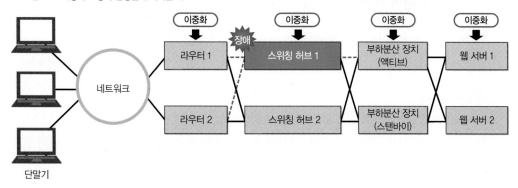

이처럼 특정 부분에 장애가 발생하더라도 특별한 영향 없이 사용할 수 있게 설계하면 시스템을 사용할 수 없는 시간을 줄일(가용성을 높일) 수 있습니다.

다음으로 시스템의 어느 부분을 이중화할 수 있는지, 얼마나 효과가 있는지 등 몇 가지 예를 들어 하드웨어 이중화를 살펴보겠습니다.

INFRA ENGINEER

4.2 다중화 구성 예 1: 서버 하드웨어 이중화

서버는 다음 부품들을 조합하여 구성합니다.

- 메인보드
- CPU
- 메모리
- 디스크 저장 장치
- 전원 공급 장치
- 각종 확장 보드(네트워크, 인터페이스 보드 등)

서버에 따라 천차만별이지만, 상위 등급의 서버 기종에서는 부품을 이중화하여 부품 하나가 고장이 나더라도 시스템을 계속 가동할 수 있으므로 내결함성을 강화할 수 있습니다.

4.2.1 하드웨어 이중화 1: 전원 공급 장치의 이중화

서버의 전원 공급 장치를 이중화하면 여러 전원 콘센트에서 전원을 공급받을 수 있습니다. 이것으로 서버의 전원 공급 장치나 전원 케이블에 장애가 발생하더라도 전원이 정지되지 않고 계속 기동됩니다.

이렇게 구성하려면 단순히 전원 공급 장치를 이중화하는 것 외에도 전원 공급원이 되는 분전반[3]을 다른 계통으로 나누는 것이 좋습니다. 전원 공급 장치와 분전반을 이중화한 예는 그림 4-5와 같습니다.

▼ 그림 4-5 전원 공급 장치와 분전반의 이중화

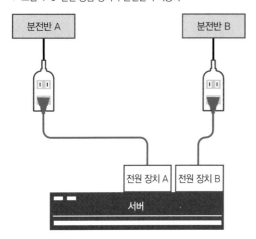

분전반을 이중화하면 일부 분전반이 고장이 나도 서버가 정지되지 않으며, 서버를 중단하지 않고 분전반 보수 작업 등을 수행할 수 있습니다. 즉, 전원 설비 수준의 가용성을 높일 수 있습니다.

반대로 한 분전반에서만 전원이 공급될 때는 아무리 여러 곳에서 전원을 가져온다고 해도 분전반이 고장 나면 공급원 연결이 끊어집니다. 이때 서버 측에서 이중화하더라도 그 효과를 보지 못하고 서버는 정지합니다. 전원 부분이 SPOF되는 연결 구성 예는 그림 4-6과 같습니다.

3　역주 배선된 간선에서 각 분기 회로로 갈라지는 곳에 설치하여 분기 회로의 과전류 차단기를 한곳에 모아 놓은 것입니다.

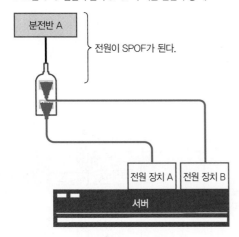

▼ 그림 4-6 전원 부분이 SPOF가 되는 연결 구성 예

단 전원 설비 증설은 서버를 설치하는 관점에서는 대규모 공사가 필요하므로 전원 공급 장치의 이중화가 얼마나 효과적인지, 요구사항이 어디까지인지 감안하여 시스템을 설치하는 설비 담당자에게 문의한 후 이중화를 검토하는 것이 좋습니다.

4.2.2 하드웨어 이중화 2: 네트워크 어댑터의 이중화

네트워크 어댑터(Network Interface Card, NIC)의 이중화란 여러 네트워크 포트를 묶어 하나의 논리적인 포트로 동작시키는 기술로 티밍(teaming)이라고 합니다. 전원 공급 장치의 이중화는 하드웨어 수준에서 구현하지만, NIC의 이중화는 OS나 디바이스 드라이버 수준에서 구현합니다.

이중화는 세 가지 방식이 있습니다.

1. 폴트 톨러런스(fault tolerance)[4]

2. 로드 밸런싱(load balancing)

3. 링크 애그리게이션(link aggregation)

다음으로 네트워크 이중화 방식을 좀 더 자세히 살펴보겠습니다.

---

4   [역주] 시스템 일부에 고장이나 장애가 발생하더라도 요구되는 기능을 유지하는 기술 또는 방법을 의미합니다.

1. 폴트 톨러런스

평소에는 한쪽 NIC가 액티브(active), 다른 쪽 NIC가 스탠바이(standby)로 구성되어 있어 액티브 NIC에서 장애가 발생하면 스탠바이 NIC로 전환되는 방식입니다. 폴트 톨러런스 구성 예는 그림 4-7과 같습니다.

▼ 그림 4-7 폴트 톨러런스를 이용한 이중화

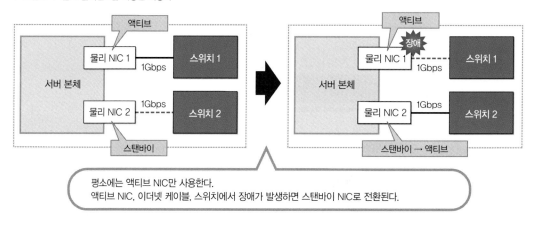

연결된 네트워크 장비도 이중화하여 단일 네트워크 장비나 케이블에 장애가 발생할 때도 신속하게 스탠바이 측으로 경로를 우회해서 계속 통신할 수 있습니다.

2. 로드 밸런싱

로드 밸런싱은 물리 NIC를 이중화하고 동시에 물리적으로 여러 NIC를 사용하여 부하를 분산하는 방식입니다. 로드 밸런싱 구성 예는 그림 4-8과 같습니다.

▼ 그림 4-8 로드 밸런싱을 이용한 이중화

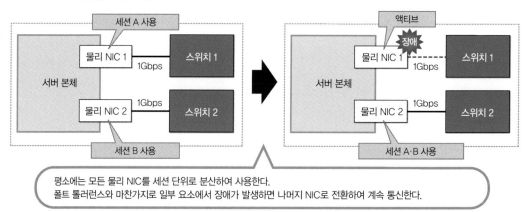

하나의 통신 세션[5]은 하나의 물리 NIC에서 처리하지만 세션별로 사용하는 물리 NIC를 분산시켜 총 처리량은 향상됩니다. 한쪽 물리 NIC가 고장 나더라도 나머지 물리 NIC를 사용하여 계속 통신할 수 있습니다.

폴트 톨러런스가 가용성 향상을 구현하는 것에 비하여 로드 밸런싱은 가용성에 더해서 성능도 향상시킬 수 있습니다. 하지만 그만큼 설계나 구성이 폴트 톨러런스에 비해서 다소 복잡해집니다.

3. 링크 애그리게이션

링크 애그리게이션은 평소에 모든 NIC가 액티브 상태이며 논리적으로 통신 대역폭 증가와 부하 분산을 하는 방식을 의미합니다. 링크 애그리게이션 구성 예는 그림 4-9와 같습니다.

❤ 그림 4-9 링크 애그리게이션을 이용한 이중화

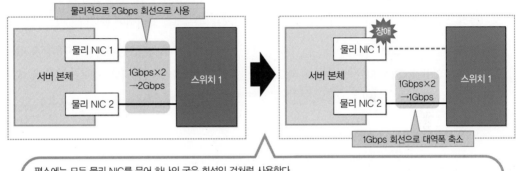

링크 애그리게이션은 논리적으로 네트워크 대역폭을 확장할 수 있는 특성이 있어 가용성과 성능을 향상시킬 수 있습니다. 또 논리적으로 네트워크 하나를 구성할 수 있어 IP 주소를 하나만 할당하면 됩니다. 이것으로 IP 주소 리소스를 절약할 수 있습니다.

---

5 장비 간 데이터를 송수신할 때 연결된 후 파기될 때까지 통신 데이터를 주고받을 수 있는 상태를 의미합니다.

NIC 이중화를 나타내는 일반적인 명칭은 티밍이지만, 다음과 같이 OS나 NIC 제조사에 따라 명칭이 다양합니다. 상세한 기능은 일부 다를 수도 있지만, 동일한 NIC 이중화 기능을 나타내는 용어라고 기억해 두기 바랍니다.

▼ 표 4-1 NIC 이중화 관련 용어

용어	설명
티밍	인텔 계열 칩을 내장한 NIC에서 주로 사용한다.
본딩(bonding)	Broadcom 계열 칩을 내장한 NIC나 리눅스에서 주로 사용한다.
NIB(Network Interface Backup), 이더넷 채널(EtherChannel)	IBM의 상용 유닉스인 AIX에서 사용한다.

하지만 링크 애그리게이션은 기본적으로 티밍을 사용하여 이중화하려는 대상 포트가 모두 동일한 물리 스위치에 연결되어 있어야 하므로 스위치가 SPOF되는 것을 고려해야 합니다.

또 일부 제품은 **스택** 기술로 여러 스위치 장비를 가상화해서 하나의 스위치처럼 동작할 수 있게 하여 스위치가 SPOF되지 않게 링크 애그리게이션을 구현할 수도 있습니다. 스택을 이용한 애그리게이션 구성 예는 그림 4-10과 같습니다.

▼ 그림 4-10 스택을 이용한 스위치 링크 애그리게이션

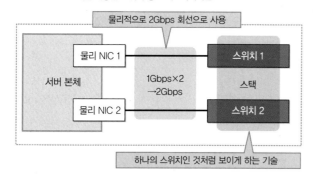

사용하는 스위치가 스택 기술을 지원하는지 여부는 각 이용 제품의 사양을 확인하기 바랍니다.

그럼 세 가지 방식 중 어떤 방식을 선택하는 것이 가장 좋을까요? 성능 향상을 고려하면 폴트 톨러런스보다 로드 밸런싱이나 링크 애그리게이션이 더 좋은 선택입니다. 하지만 그만큼 설계가 복잡해지므로 단순히 설계 비용만 고려하면 폴트 톨러런스가 가장 저렴합니다. 시스템의 이중화 설계에서 어떤 구성이 적절한지 검토할 때는 성능의 장점뿐만 아니라 연결되는 네트워크 장비나 구성에 따라 '가능하다, 불가하다'는 제약이 발생하는 것을 고려해야 합니다.

예를 들어 사용하는 디바이스 드라이버에 따라서 '네트워크 장비에서 스패닝 트리 프로토콜 (spanning tree protocol)[6]을 설정할 필요가 있다'는 경우도 생길 수 있어 서버 구축 담당자만으로 해결할 수 없을 때도 많습니다. 따라서 사용하는 NIC 매뉴얼을 잘 숙지하고 네트워크 담당자와 논의하여 구현 가능한 방식을 선택해야 합니다.

4.2.3 하드웨어 이중화 3: 하드 디스크 드라이브의 이중화

하드 디스크 드라이브(HDD)에는 디스크 회전, 자기 헤드 이동 등 기계적으로 동작하는 부품이 있으므로 컴퓨터 부품 중에서 비교적 고장률이 높습니다. 또 HDD에는 대용량 데이터가 저장되어 있어 일단 장애가 발생하면 그 영향은 매우 큽니다.

최근 트렌드는 가상화 환경에서 시스템을 구축하는 경우가 많아 외부 스토리지를 사용할 때도 많습니다. 여기에서는 크게 **서버 내장 디스크 이중화**와 **외부 스토리지 장치를 이용한 이중화** 두 가지 패턴으로 나누어 살펴보겠습니다.

1. 서버 내장 디스크 이중화

서버에 내장된 HDD는 주로 RAID(Redundant Arrays of Inexpensive Disks) 방법을 이용하여 여러 HDD를 묶어 하나의 논리적인 HDD로 보이게 하는 방식으로 이중화합니다. RAID는 하드웨어로 기능을 구현한 하드웨어 RAID와 소프트웨어로 기능을 구현한 소프트웨어 RAID로 나눌 수 있습니다.

(1) 하드웨어 RAID

하드웨어 RAID는 RAID 컨트롤러 장치가 디스크를 제어, 관리하며 RAID 컨트롤러로 대부분의 디스크 제어를 하므로 서버 CPU 부하가 줄어듭니다.

RAID 컨트롤러 카드는 저렴한 제품이 많고, 서버 본체의 메인보드에 RAID 컨트롤러가 내장된 것도 많아 비교적 낮은 비용으로 RAID 기능을 구현할 수 있습니다. 하드웨어 RAID 예는 그림 4-11과 같습니다.

---

6 역주 네트워크 브리지나 스위치에서 목적지까지 경로가 둘 이상이면 루핑(looping)이 발생할 수 있습니다. 이를 방지하고자 장비에 스패닝 트리 프로토콜(STP)을 설정하여 단일 경로만 사용합니다. 대부분 스위치에 기본으로 설정되어 있습니다.

❤ 그림 4-11 하드웨어 RAID

하드웨어 RAID는 컴퓨터에 장착하는 RAID 컨트롤러 카드를 사용하는 방식과 RAID 전용 외부 디스크 장치를 사용하는 방식이 있습니다.

(2) 소프트웨어 RAID

많은 상용 서버 OS는 하드웨어 RAID와 기능이 동일하여 RAID 컨트롤러 장치를 탑재한 하드웨어를 사용하지 않아도 디스크를 대용량화하거나 이중화할 수 있습니다.

하지만 소프트웨어 RAID를 사용하면 OS에서 전체 기능을 처리하므로 하드웨어 RAID에 비하여 서버의 CPU 부하가 높습니다. 소프트웨어 RAID 예는 그림 4-12와 같습니다. OS 기능 일부로 RAID 기능이 구현되어 있습니다.

❤ 그림 4-12 소프트웨어 RAID

다음으로 RAID를 이용한 논리 HDD 구성 패턴인 **RAID 레벨** 중에서 일반적으로 많이 사용하는 패턴을 살펴봅니다. RAID는 0~6레벨이 있지만, RAID0과 2~4레벨은 최근에 시스템을 구성할 때 거의 사용하지 않으므로 이 책에서는 다루지 않겠습니다.

- RAID1 미러링
- RAID1+0 미러링+스트라이핑
- RAID5 패리티 분산 기록
- RAID6 복수 패리티 분산 기록

RAID1은 가장 간단한 이중화 방법이며, 내용이 완전히 동일한 데이터를 가진 물리 HDD가 두 개 있어 한쪽 HDD에 장애가 발생하더라도 나머지 디스크를 사용하여 시스템을 계속 가동할 수 있습니다.

RAID1은 단순하게 생각하더라도 필요한 데이터양의 2배에 해당하는 HDD가 필요하므로 비용이 많이 드는 단점이 있습니다. RAID1 구성 예는 그림 4-13과 같습니다.

▼ 그림 4-13 RAID1

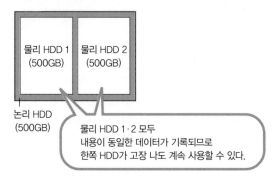

논리 HDD
(500GB)

물리 HDD 1
(500GB)

물리 HDD 2
(500GB)

물리 HDD 1·2 모두
내용이 동일한 데이터가 기록되므로
한쪽 HDD가 고장 나도 계속 사용할 수 있다.

RAID1+0은 RAID1의 미러링 기능에 RAID0의 스트라이핑 기능을 추가한 것입니다.

스트라이핑은 여러 HDD를 하나의 큰 HDD처럼 보이게 하는 것으로, 디스크를 대용량화할 수 있고 물리 HDD 여러 개를 동시에 사용하므로 좀 더 빠르게 읽고 쓸 수 있습니다.

RAID1+0 구성 예는 그림 4-14와 같습니다.

▼ 그림 4-14 RAID1+0

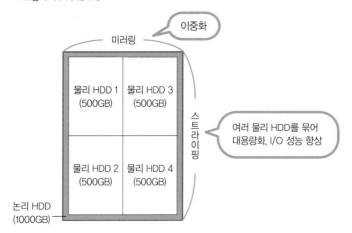

RAID5는 물리 HDD를 데이터와 패리티 영역으로 나누는 방식으로, 물리 HDD를 최소 세 개 사용하여 구성합니다.

RAID 구성원 중에서 한 물리 HDD가 고장 나더라도 나머지 물리 HDD의 패리티 영역에서 고장 난 HDD의 데이터를 복원할 수 있으며, 문제없이 시스템을 지속적으로 운영할 수 있습니다. 하지만 패리티 정보로 데이터를 복원할 때 읽기와 쓰기를 동시에 수행하므로 I/O 속도가 저하되는 것이 단점입니다. 또 그 상태에서 두 번째 물리 HDD가 고장 나면 더 이상 패리티에서 데이터를 복구할 수 없습니다.

미러링과 비교하면 데이터 영역의 용량을 넉넉하게 확보할 수 있으므로, 한정된 시스템 예산에서 가용성을 확보하면서 데이터 용량도 최대한 확보하고 싶을 때 검토할 수 있는 방식입니다. RAID5 구성 예는 그림 4-15와 같습니다.

▼ 그림 4-15 RAID5

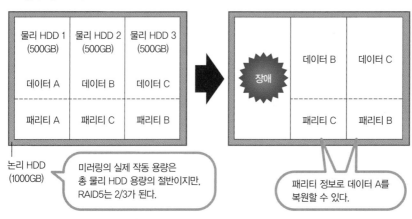

RAID6은 RAID5 패리티 부분을 이중화한 것으로, 물리 HDD 두 개가 동시에 고장 날 때도 견딜 수 있습니다. RAID6 예는 그림 4-16과 같습니다.

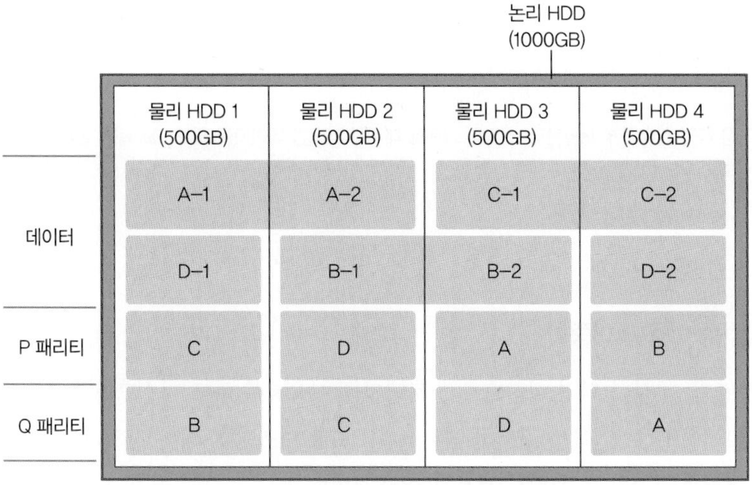

▼ 그림 4-16 RAID6(P+Q 방식)

논리 HDD
(1000GB)

물리 HDD 1 (500GB)	물리 HDD 2 (500GB)	물리 HDD 3 (500GB)	물리 HDD 4 (500GB)	
A-1	A-2	C-1	C-2	데이터
D-1	B-1	B-2	D-2	
C	D	A	B	P 패리티
B	C	D	A	Q 패리티

P 패리티, Q 패리티는 서로 다른 알고리즘으로 생성된 패리티 정보로 데이터, P 패리티, Q 패리티를 서로 다른 물리 HDD에 배치하여 내결함성을 향상시켰습니다. 다만 패리티 데이터가 이중으로 생성되므로 RAID5보다 디스크 용량의 사용 효율성과 쓰기 성능은 낮습니다.

RAID6의 패리티 방식은 P+Q 방식 외에 **2D-XOR 방식**도 있습니다. 2D-XOR 방식에서는 하나의 물리 HDD를 두 번째 패리티 전용으로 사용하고, 첫 번째 패리티와는 다른 데이터 조합으로 생성한 패리티 정보를 보관합니다. 하지만 이 방식은 패리티 전용 디스크에 I/O가 집중되므로 성능이 떨어져 그다지 사용하지 않습니다.

최근에는 가상화 환경에서 여러 HDD를 RAID로 묶어 데이터 저장소를 만들고 이를 여러 가상 서버에 할당하는 경우가 많아졌습니다. 이런 환경에서는 RAID5보다는 RAID6을 적용하는 사례가 늘고 있습니다.

여기에는 디스크 가격은 매년 저렴해지고 디스크 장애에 영향을 받는 서버 수는 많아져 여러 디스크에 동시에 장애가 생겨 시스템에 전체적인 손실이 발생하는 리스크를 가능한 배제하려는 의도가 반영된 것입니다.

2. 외장 스토리지 장치를 이용한 이중화

최근에는 데이터 대용량화, 가상화 환경 확산으로 스토리지를 이용하여 하드 디스크를 가상화해서 사용하는 경우가 많아졌습니다. 외부 스토리지는 일반적으로 디스크 어레이 장치라고 하며, RAID를 하드웨어로 구현하는 수단 중 하나로 분류할 수 있습니다.

외부 스토리지를 사용하는 장점은 다음과 같습니다.

- 여러 서버에서 공유할 수 있어 리소스를 효율적으로 활용합니다.
- 스토리지 수준에서 내결함성을 확보합니다(핫스왑[7] 및 핫스페어[8]로 자동 복구하는 기능).

외부 스토리지를 이용한 시스템 구성 예는 그림 4-17과 같습니다.

스토리지 안에서 물리 HDD 여러 개를 RAID로 묶어 논리 HDD로 만들고, 그것을 한층 더 논리 단위(Logical Unit, LU)로 분할하여 서버에서 접근할 수 있게 합니다. 서버에서는 논리 단위 번호(Logical Unit Number, LUN)라는 명칭으로 LU를 식별할 수 있으며 '하나의 LUN'이 마치 '하나의 물리 HDD'인 것처럼 보입니다.

LUN 장점은 RAID로 구성한 논리 HDD를 더 논리적으로 분할하여 여러 서버에서 공유가 가능함으로써 한정된 디스크 리소스를 유연하게 활용할 수 있다는 것입니다.

---

7 전원이 켜진 상태에서 HDD를 교환할 수 있는 기능입니다.

8 미리 예비 HDD를 전원이 켜진 상태로 대기시키다 특정 HDD가 고장 났을 때 즉시 예비 HDD로 전환하여 가동시키고 데이터를 복원하여 고장 전 상태로 자동 복구하는 구조입니다.

서버와 스토리지 사이는 일반적으로 스토리지 에어리어 네트워크(Storage Area Network, SAN)로 연결합니다. SAN은 FC-SAN과 IP-SAN 두 종류가 있습니다. 그림 4-17은 FC-SAN 스위치를 사용하여 서버와 스토리지 장치를 연결한 예입니다. 이 그림에서는 스토리지 장치의 물리 디스크를 RAID로 이중화했지만, 서버와 SAN 스위치 사이, SAN 스위치와 스토리지 장치 사이의 연결 케이블은 SPOF가 되므로 이중화가 필요하다는 것을 확인할 수 있습니다.

❤ 그림 4-17 외장 스토리지를 이용한 디스크 이중화

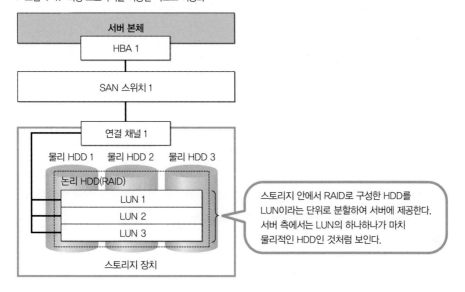

❤ 표 4-2 외부 스토리지 관련 용어 설명

용어	설명
HBA	Host Bus Adapter로, 컴퓨터와 다른 네트워크 장비나 스토리지를 연결하는 하드웨어다.
SAN	Storage Area Network로, 컴퓨터와 스토리지 사이를 연결하는 고속 네트워크다.
SAN 스위치	여러 서버와 스토리지를 묶어 SAN을 구성하는 하드웨어로, FC 스위치라고도 한다.
LUN	Logical Unit Number로, 논리 HDD의 1단위(논리 단위)에 할당되는 논리 장치 단위 번호다.

서버와 스토리지 장치 사이의 연결에서 SPOF를 제거한 시스템 구성 예는 그림 4-18과 같습니다.

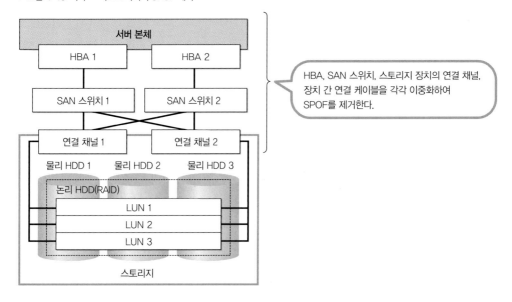

▼ 그림 4-18 서버 ⇔ 디스크 사이의 SPOF 제거

> HBA, SAN 스위치, 스토리지 장치의 연결 채널,
> 장치 간 연결 케이블을 각각 이중화하여
> SPOF를 제거한다.

이 예에서는 서버 본체 내의 HBA, SAN 스위치, 스토리지 장치의 연결 채널을 각각 이중화하여 어떤 구성 요소(부품)에 장애가 발생하더라도 우회 경로를 확보할 수 있습니다.

INFRA ENGINEER

4.3 다중화 구성 예 2: 서버 이중화

서버를 구성하는 하드웨어 부품을 모두 이중화하더라도 서버 자체의 장애 발생률을 0%로 만들 수는 없습니다. 하드웨어에 고장이 없어도 프로세스 다운이나 파일의 논리적 손상 등으로 서버에서 실행되는 OS, 미들웨어, 애플리케이션을 계속 처리할 수 없는 경우가 발생할 수 있기 때문입니다. 이런 사태를 가정하고 기능과 역할이 동일한 서버를 여러 대 준비해야 하고, 서버 수준의 장애가 발생하더라도 시스템이 계속 처리할 수 있도록 설계해야 합니다.

서버 이중화는 **클러스터링**(clustering)이라는 방법으로 구현합니다. 서버 클러스터링에는 크게 **부하분산 클러스터**(Load-Balancing Cluster)와 **HA 클러스터**(High-Availability Cluster) 두 가지 방식이 있습니다. 이것을 좀 더 자세히 살펴보겠습니다.

4.3.1 부하분산 클러스터

부하분산 클러스터는 기능과 역할이 동일한 서버 여러 대를 병렬로 구성하여 그중 어느 서버에서 장애가 발생하더라도 나머지 서버에서 시스템을 계속 처리할 수 있는 방식입니다.

여러 서버에서 병렬로 처리할 수 있으므로 이중화 장점뿐만 아니라 부하분산으로 성능 면에서도 장점이 있습니다. 웹 서버처럼 사용자 수가 증가하면 동시 접속자 수가 증가하는 특성이 있는 서버에 적합한 방식입니다.

한편 이 방식은 여러 서버에서 병렬 처리를 하므로 고유성이나 순서 보장이 필요한 작업에 적합합니다. 부하분산 클러스터로 시스템을 구성하는 예는 그림 4-19와 같습니다.

❤ 그림 4-19 부하분산 클러스터 시스템 구성

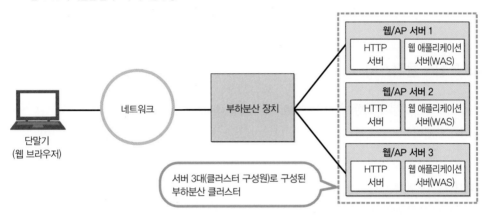

이 예제에서는 부하분산 장치에서 호출하는 대상 웹 서버가 3대로 다중화되어 있습니다. 일반적으로 웹 서버 앞에 부하분산 장치를 배치하고, 부하분산 장치 기능을 이용하여 부하분산 클러스터를 구현합니다.

이 경우 웹 시스템의 사용자 단말기는 부하분산 장치에 접속하고, 여러 웹 서버 중 실제로 어떤 서버에 접속하는지는 부하분산 장치에 맡깁니다. 웹 서버 중 하나에 장애가 발생하면 부하분산 장치의 기능으로 서버 장애를 감지하며, 자동으로 해당 서버에 요청을 보내는 것을 중지하고 시스템 처리를 계속합니다. 장애가 발생할 때 예는 그림 4-20과 같습니다.

❤ 그림 4-20 부하분산 클러스터의 서버에 장애가 발생할 때 처리

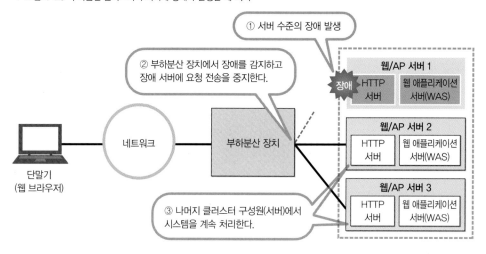

4.3.2 HA 클러스터

HA 클러스터는 기능과 역할이 동일한 서버 여러 대를 액티브/스탠바이 방식으로 구성하고 평소에는 액티브 서버만으로 처리하는 방식입니다. 액티브 서버에 장애가 발생하면 스탠바이 서버가 액티브 서버로 전환되어 시스템을 계속 처리합니다.

액티브 서버로만 처리하므로 데이터의 고유성과 처리 순서를 보장해야 하는 처리 이중화는 HA 클러스터로 구현해야 합니다. DB 서버와 인터페이스 계열의 서버(메시징 서버나 파일 연계 서버)는 HA 클러스터가 적합합니다.

다음으로 HA 클러스터를 이용한 구성 예를 살펴봅니다.

1. HA 클러스터를 이용한 DB 서버 이중화 예

DB 서버에서는 데이터베이스 솔루션의 제어 정보와 데이터베이스의 데이터를 관리해야 합니다. HA 클러스터에서는 데이터를 공유 디스크에 배치하여 액티브 서버와 스탠바이 서버 모두에서 접속할 수 있도록 구성합니다. 이것으로 액티브 서버에 장애가 발생하더라도 지금까지의 데이터를 스탠바이 서버에서 계속 처리할 수 있습니다.

또 HA 클러스터 솔루션은 각 서버에 할당된 IP 주소와는 별도로 서비스 IP 주소라는 액티브/스탠바이 서버 모두에서 사용하는 공유 IP 주소를 할당합니다. DB 서버에 접속하는 애플리케이션은 서비스 IP에 대해 접속을 요청하도록 설정합니다.

서비스 IP는 평소에는 액티브 서버에서 실행 중인 서버에 할당하고, 장애 때문에 스탠바이 서버로 전환해야 할 때는 서비스 IP도 이동합니다. 따라서 연결하는 애플리케이션은 현재 어느 쪽 서버가 액티브인지 인지할 필요가 없습니다. HA 클러스터를 이용한 DB 서버의 구성 예는 그림 4-21과 같습니다.

❤️ 그림 4-21 HA 클러스터를 이용한 DB 서버 이중화

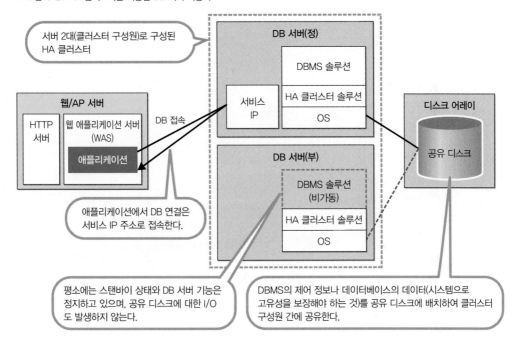

다음으로 HA 클러스터 구성에서 액티브 서버에 장애가 발생했을 때의 전환을 살펴보겠습니다.

액티브 서버에 장애가 발생하면 HA 클러스터 솔루션은 먼저 장애를 감지합니다. 감지하는 장애는 일반적으로 다음과 같습니다.

- 서버가 정지[9]한 경우
- 서버 네트워크 어댑터가 정지한 경우
- 공유 디스크에 접속할 수 없는 경우
- 서버에서 모니터링 대상 프로세스가 정지한 경우
- 임의의 검사 프로그램을 실행한 결과 오류가 발생한 경우

---

9 역주 현업에서는 서버나 프로세스가 정지되는 것을 '다운된다'는 용어로도 많이 사용합니다.

이런 문제가 발생하면 HA 클러스터 솔루션은 필요에 따라 복구 작업을 시도하고, 복구 가능성이 없다고 판단하면 스탠바이 서버로 전환시킵니다. 전환이 가능한 상태라면 먼저 액티브 서버에서 실행하고 있는 DBMS 솔루션의 정지, 공유 디스크의 마운트, 서비스 IP를 해제해야 합니다.

다음으로 스탠바이 서버에서 공유 디스크의 마운트, 서비스 IP 할당을 수행한 후 DBMS를 기동합니다. 전환할 때의 구성 예는 그림 4-22와 같습니다.

▼ 그림 4-22 HA 클러스터의 액티브 서버에 장애가 발생할 때의 전환

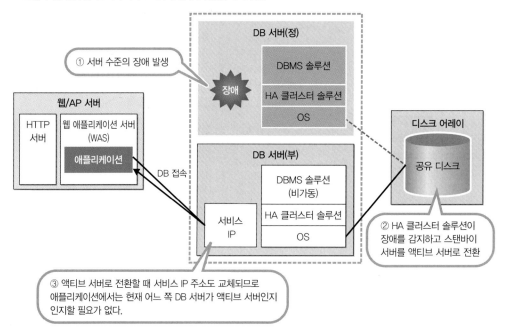

2. HA 클러스터를 이용한 메시징/서버 이중화

메시징 서버 솔루션은 메시지 큐나 트랜잭션 로그 같은 전문 데이터나 이를 제어하는 정보를 공유 디스크에 배치하여 HA 클러스터 서버 간에 공유합니다. 이것으로 서버를 이중화하면서도 메시지의 접수 창구를 단일화하는 것이 가능해지므로 메시지 처리 순서를 보장해야 하는 애플리케이션의 메시지 처리에 적합합니다.

그림 4-23에서는 MSG1에서 MSG4 순으로 메시지를 수신하며 수신 순서에 따라 메시지 큐에 대기(큐잉)하고 있습니다. 수신된 메시지는 메시징 솔루션 기능을 이용하여 큐잉(First In First Out, FIFO) 또는 스택(Last In First Out, LIFO) 중 하나의 순서로 처리할 수 있으며, 동일한 메시지 큐 내에서는 이 규칙에 따른 순서를 보장받을 수 있습니다.

예를 들어 금융권 시스템의 애플리케이션 처리에서 자신의 계좌에 입금한 후 다른 계좌에 이체하고 싶습니다. 그런데 순서가 바뀌어 다른 계좌에 이체한 후 자신의 계좌에 입금하려고 하면 잔액 부족으로 이체할 수 없는 경우가 발생할 수 있습니다.

▼ 그림 4-23 HA 클러스터에서 메시징 서버 다중화

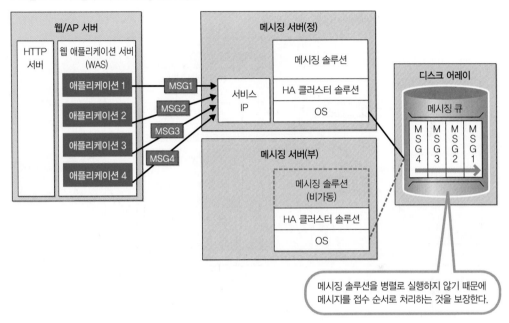

이런 비즈니스 요구사항이 있는지 여부는 애플리케이션 기능의 요구사항에 따라 달라집니다. 그러므로 어떤 구성으로 이중화할지를 비즈니스 애플리케이션의 사양을 파악하고 있는 주요 담당자나 시스템 처리 방식을 결정하는 아키텍트가 확인해야 합니다. 분산·병렬 처리하는 것이 성능 면에서 유리할 수 있지만, 집중·직렬 처리하는 구성도 필요하다는 것을 기억하기 바랍니다.

3. HA 클러스터를 이용한 파일 연계 서버의 이중화

시스템 간, 서버 간에 파일을 주고받는 경우 그 중계 역할을 담당하는 파일 연계 서버가 필요합니다. 이 파일 연계 서버에도 HA 클러스터를 이용한 이중화가 적합합니다. 서버를 구성할 때 주고받을 파일을 공유 디스크에 배치하고 액티브 서버에 장애가 발생하면 스탠바이 서버로 전환할 수 있게 구성합니다.

DB 서버의 이중화에서도 언급했지만 HA 클러스터의 장점은 서비스 IP에 있으며 서비스에 연결해야 하는 시스템은 항상 이 서비스 IP에 연결을 요청하면 되므로 연결 전 시스템에 현재 어느 서버가 실행 중인지 인지하지 않아도 됩니다. 파일 연계 서버의 다중화 구성 예는 그림 4-24와 같습니다.

❤ 그림 4-24 HA 클러스터를 이용한 파일 연계 서버의 이중화

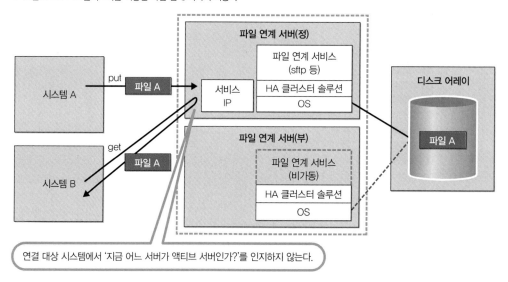

4. 가상화 솔루션을 이용한 HA 클러스터

기존에는 물리 서버 수준이나 미들웨어 솔루션 고유 기능으로 클러스터링을 하는 것이 서버 이중화의 대부분이었지만, 최근에는 가상화 솔루션이 발전되고 시장이 확산되면서 가상화 솔루션의 HA 클러스터 기능도 중요한 선택 사항 중 하나가 되었습니다. 가상화 환경에서는 물리 서버에서 실행되는 가상화 솔루션이 제공하는 하이퍼바이저가 OS로 가동되며, 하이퍼바이저에서 여러 가상 서버를 실행할 수 있습니다.

가상 서버를 실행하는 데 필요한 하드 디스크는 가상 디스크 파일 형태로 공유 디스크에 배치되어 가상화 환경을 구성하는 여러 물리 서버 사이에서 공유될 수 있습니다. 그림 4-25는 물리 서버 1에서 가상 서버 A · C가 실행되고, 물리 서버 2에서 가상 서버 B가 실행되는 상태를 나타냅니다.

이 상태에서 어느 한 물리 서버에 장애가 발생하면 장애 서버에서 실행되던 가상 서버는 정상 가동하는 물리 서버로 이동한 후 작업을 계속 처리합니다. 그림 4-26이 그 예입니다.

가상화 솔루션을 이용한 HA 클러스터 장점은 지금까지 단일 구성(SPOF가 존재)이던 서버를 가상화 기술을 적용하여 원래 서버의 설계를 바꾸지 않고 고가용성 구성의 서버로 레벨업할 수 있다는 것입니다. 또 가상화함으로써 필요한 리소스를 통합, 최적화할 수 있고 필요한 하드웨어 수도 줄일 수 있으므로 시스템 규모가 커질수록 총비용을 줄일 수 있습니다.

▼ 그림 4-25 가상화 솔루션의 HA 클러스터 기능을 이용한 서버 이중화

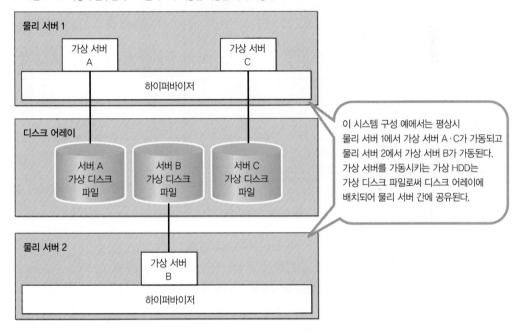

이 시스템 구성 예에서는 평상시 물리 서버 1에서 가상 서버 A·C가 가동되고 물리 서버 2에서 가상 서버 B가 가동된다. 가상 서버를 가동시키는 가상 HDD는 가상 디스크 파일로써 디스크 어레이에 배치되어 물리 서버 간에 공유된다.

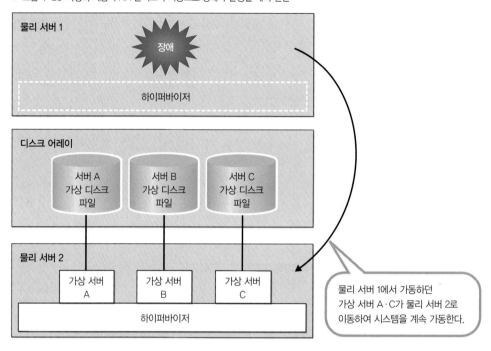

▼ 그림 4-26 가상화 제품의 HA 클러스터 기능으로 장애가 발생할 때의 전환

다만 모든 미들웨어 솔루션이 가상화 환경에서 동작을 보장하는 것은 아니므로 사전에 확실하게 조사해야 합니다.

지금까지 내결함성을 높이는 가용성 실례를 바탕으로 살펴보았습니다. 다음 장에서는 시스템 신뢰성을 높이는 또 하나의 요소인 성능과 확장성을 살펴보겠습니다.

5장

성능·확장성
설계 이론

시스템 신뢰성을 높이는 데 검토할 특성으로는 4장에서 설명한 가용성과 함께 5장에서 설명하는 성능 및 확장성(performance and extensibility)이 있습니다. 두 특성의 차이는 다음과 같습니다.

- 가용성은 하드웨어 장애 등으로 시스템이 정지되지 않도록 이른바 '진행 중인 현재'에 대비하는 것입니다.
- 성능 및 확장성은 시스템 사용 현황을 바탕으로 사전에 미래를 예측하고 시스템 사용자 수가 증가함에 따라 서버 부하가 높아질 때 대응하는 것처럼 이른바 '예상되는 미래'에 대비하는 것입니다.

가용성과 성능 및 확장성을 고려한 시스템 구성 예는 그림 5-1과 같습니다.

▼ 그림 5-1 가용성과 성능 및 확장성

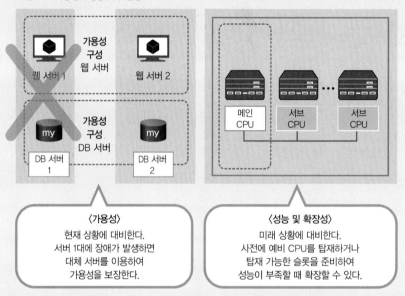

일반적으로 시스템을 설계할 때 이상적인 시스템은 초기 설계 이후에 시스템 설계를 변경하지 않고 그 역할을 다할 때까지 안정적으로 운영되는 시스템입니다. 하지만 비즈니스 전략을 달성하는 것을 목표로 구축한 시스템은 일단 전략이 성공하면 해당 시스템 사용자는 늘어나고 접속자 수도 증가합니다.

시스템 접속자 수가 증가하면 본래 예상했던 시스템 그 이상의 성능이 필요합니다. 이런 상황을 사전에 검토하지 않았다면 시스템 성능의 요구사항에 즉시 대응할 수 없습니다. 따라서 사전에 성능 및 확장성을 검토하는 것이 매우 중요합니다.

또 인프라는 그림 5-2와 같이 시스템의 최하층에 위치하므로 그 상위 계층에서 변화가 발생하면 주로 그 변화에 대응하는 대책을 마련해야 하는 영역입니다.

시스템은 항상 변화하므로 시스템이 가동을 시작한 이후에도 시스템 상황을 계속 모니터링하고 변화를 예측하고, 변화에 유연하게 대응하는 것이 시스템 신뢰성을 유지하는 데 매우 중요합니다.

5장에서는 시스템 성능과 확장성 관점에서 설계할 때 고려해야 할 점과 서비스를 시작한 후의 시스템 관리와 변경 사항을 살펴보겠습니다.

▼ 그림 5-2 시스템 구성 피라미드

5.1 성능 및 확장성을 고려한 설계

시스템의 성능 및 확장성을 고려할 때 전제하는 정보의 대표적인 항목은 다음과 같습니다.

- 시스템을 사용하는 사용자 수
- 동시에 시스템에 접속하는 사용자 수
- 시스템에서 다루는 데이터양과 보관 기간
- 응답 시간의 목표 값(요청 처리 시작에서 완료까지의 시간)
- 처리율[1] 목표 값(단위 시간당 처리율)

이런 요구사항을 사용자와 합의한 후 해당 조건을 충족시키려면 리소스와 서버가 어느 정도 필요한지 그림 5-3과 같은 순서로 어림잡아 추정해야 합니다. 이를 사이징(sizing)이라고 합니다.

▼ 그림 5-3 사이징 예

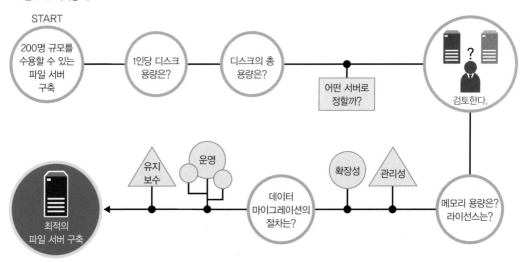

1 　역주 　단위 시간당 데이터 전송으로 처리하는 양을 의미하며, 스루풋이라고도 합니다.

여기에서 한 가지 주의해야 할 점이 있습니다. 설계 단계에서 사이징은 어디까지나 요구사항의 사양을 기준으로 계산된 것이므로 실제 운영 환경에 필요한 견적은 정확히 산정할 수 없습니다. 따라서 추정한 값에 일정한 안전율(safety factor)[2]을 곱하여 사용하길 권장합니다. 안전율은 성능이 부족하지 않도록 계산된 추정 값에 곱하는 값입니다.

안전율은 일반적으로 1.2~1.5 정도의 값을 사용하며, 안전율이 너무 크면 성능이 과다하게 산정될 수 있으므로 사전에 사용자와 합의한 값을 사용하길 권장합니다.

대략적으로 필요한 리소스를 예측했다면 다음은 성능을 향상시키는 다양한 정책을 검토해야 합니다. 성능을 고려하여 설계할 때 먼저 알아야 할 것은 기본적으로 필요한 리소스를 처음부터 확보해야 한다는 것입니다. 이는 리소스를 효율적으로 활용하는 관점과 반대되는 접근이지만, 필요할 때마다 리소스를 확보하는 동작은 각 솔루션이나 계층에 어느 정도 부하를 주는 작업이므로 업무 처리가 지연될 수 있습니다.

따라서 구체적으로 다음 방법으로 처음부터 리소스를 확보하여 성능을 향상시킬 수 있습니다.

- **메모리 영역**: 기동할 때 필요한 크기를 확보합니다.
- **데몬/프로세스[3]**: 기동할 때 필요한 개수를 실행합니다.
- **저장 영역**: 예상되는 범위 안에서 사전에 필요한 용량을 할당합니다.

그림 5-4는 솔루션 관점에서 메모리 영역을 확보하는 방법을 서로 비교한 예입니다. 메모리 영역을 매번 확보할 경우, 시스템 리소스를 이용할 때 효율은 향상되지만 시스템 부하는 높아집니다. 이런 일을 미연에 방지하려면 각 솔루션이 실행하는 데 리소스가 어느 정도 필요한지 사전에 확인해야 합니다.

물론 설계 단계에서는 정확한 리소스양을 예측할 수 없으므로 어느 정도 어림잡아 산정한 후 그 타당성을 후속 테스트 단계에서 확인해야 합니다.

---

2 역주 안전계수라고도 합니다.

3 시스템에 상주하거나 실행 중인 프로그램을 의미합니다.

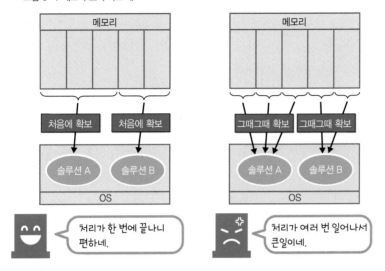

▼ 그림 5-4 메모리 초기 확보 예

확장성에 대한 고려 사항으로는 시스템 가동 중에 예상하는 것 이상의 요청이 들어와 시스템의 리소스 사용량이 위험 수준에 도달하는 경우(예를 들어 CPU 사용량이 지속적으로 90%를 초과하여 여유 리소스가 거의 없는 경우) 하드웨어 확장으로 대응할 수 있도록 사전에 확장 가능한 서버 기종 선정도 있습니다. 구체적으로 CPU, 메모리, 하드 디스크에 대해서는 추가로 장착할 수 있는 공간(슬롯)을 초기에 장착했던 공간보다 1.5~2배 정도로 확보해 두는 것이 좋습니다.

여유 공간이 부족하면 필요한 리소스를 확장할 수 없으므로 최악의 상황에서는 시스템을 전면적으로 재구축해야 할 수도 있습니다. 구체적인 확장 방법은 5.2절에서 살펴보겠습니다.

그림 3계층 시스템[4]을 대상으로 대표적인 구성 요소별로 상세하게 살펴보겠습니다.

- 서버의 CPU, 메모리, 디스크 선정
- 자바(애플리케이션 서버)의 힙 메모리 크기[5] 설정
- 데이터베이스 메모리 설정

---

4 3.3절을 참고하기 바랍니다.
5 애플리케이션 서버가 사용 가능한 메모리 영역입니다.

5.1.1 성능을 고려한 설계 예 1: 서버 메모리와 CPU 선정

시스템은 여러 서버로 구성되는데, 이 서버의 동작 근간(서버를 구성하는 기본)이 되는 것이 CPU 와 메모리입니다. 사람이 하는 작업에 비유하자면 CPU는 사람의 두뇌, 메모리는 그 사람이 작업 하는 책상의 크기라고 할 수 있습니다. 그리고 서버에 탑재된 디스크는 책상에 달려 있는 서랍이 라고 할 수 있습니다(그림 5-5). 따라서 이 세 가지의 균형은 매우 중요합니다. 우수한 두뇌를 마 음껏 발휘하려면 그에 걸맞은 작업 공간이 필요하며, 작업한 내용을 보관할 공간도 많이 필요합니 다. 반대로 미숙한 작업자에게는 그에 걸맞지 않는 작업 공간과 큰 서랍을 준다 하더라도 그 공간 을 충분히 활용하지 못합니다.

❤ 그림 5-5 CPU, 메모리, 디스크를 사람에 비유

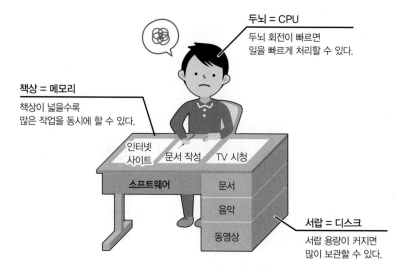

CPU와 메모리 모델은 앞서 설명한 시스템의 업무 처리량, 응답 시간, 단위 시간당 처리율 등 요 구사항에 따라 모델과 탑재 개수가 결정됩니다. 모델을 결정할 때는 각 제조사가 공표한 제품의 벤치마크[6] 정보를 활용하면 성능을 어느 정도 예측할 수 있습니다. 하지만 제조사마다 벤치마크를 테스트하는 방법이 다르므로 어디까지나 참고할 수 있는 기준 지표 중 하나라는 것을 기억해야 합니다.

CPU를 선정할 때는 코어 수를 몇으로 할지도 검토해야 합니다.

---

6   컴퓨터 시스템의 성능을 나타내는 지표 중 하나로 CPU 등 처리 속도, 렌더링 속도 등을 특정 조건에서 측정하고 수치화한 것입니다.

아무리 성능이 우수한 CPU라도 코어 한 개는 작업 하나만 처리할 수 있습니다. 따라서 동시에 병렬로 실행하는 작업 수와 복잡도 등도 비용과 함께 검토해야 합니다.

시스템에 따라서는 매우 고사양인 CPU 하나를 탑재하는 것이 효율적일 수도 있고, 보통 성능이라도 고사양 CPU의 1/5 비용이라면 동시 처리 수에 따라 CPU 다섯 개를 탑재하는 것이 좀 더 효율적일 수도 있습니다. 성능과 비용의 균형을 고려하여 시스템 특성에 맞는 CPU를 선정해야 합니다.

또 모델을 선정할 때 한 가지를 더 고려해야 합니다. 스케일업(scale up)과 스케일아웃(scale out)을 지원하는 모델을 선정하는 것입니다.

시스템 리소스가 부족하다면 부족한 상황이나 투입 가능한 비용에 따라 서버의 스케일업이나 스케일아웃(5.2절 참고)을 검토할 수 있지만, 스케일업은 CPU나 메모리가 이를 지원하지 않거나 서버 자체가 확장이 제한되는 모델이라면 불가능할 수도 있습니다.

애플리케이션 변경이나 사용자 수의 급격한 변화 등 다양한 이유로 시스템 리소스가 부족할 수 있으므로 확장을 지원하는 모델을 선정해야 합니다.

5.1.2 성능을 고려한 설계 예 2: 애플리케이션 서버의 힙 메모리 영역 설정

업무 애플리케이션을 서버에서 실행할 때는 그림 5-6과 같이 애플리케이션 서버라는 자바 프로세스를 기동하고 애플리케이션 서버에 대상 애플리케이션을 배포(설치)하여 동작시킵니다.

❤ 그림 5-6 애플리케이션 배포

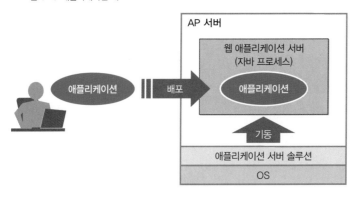

애플리케이션 서버는 기동할 때 애플리케이션에서 사용하는 메모리 공간을 애플리케이션 서버 내에서 일정 영역 확보합니다. 이 영역을 **힙 메모리**(heap memory) **영역**이라고 합니다. 그리고 애플리케이션 서버에 배포된 애플리케이션을 호출하고 메모리 공간에 객체를 할당하여 동작시킵니다. 즉, 업무 애플리케이션이 동작하는 영역은 사전에 확보된 힙 메모리 영역 안에 있습니다. 또 힙 메모리 영역은 OS에 탑재된 물리 메모리의 범위 안에서 사전에 사용 가능한 상한 값을 정해서 애플리케이션 서버 단위로 할당됩니다.

힙 메모리 영역은 크기에 제한이 있으므로 여유 공간 이상의 객체를 생성할 수 없습니다. 여유 공간 이상의 객체를 만들려고 하면 자바의 Out Of Memory[7]가 발생하고 자바 프로세스가 종료됩니다. 애플리케이션의 힙 메모리 영역 사용과 Out Of Memory에 대한 관계는 그림 5-7과 같습니다.

▼ 그림 5-7 힙 메모리 영역과 객체

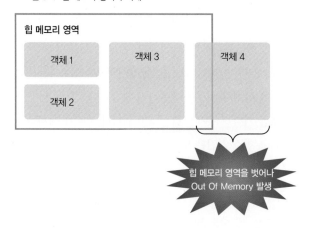

프로세스가 종료되면 시스템도 즉시 종료되므로 힙 메모리 영역을 설정할 때는 세심한 주의를 기울여야 합니다. 하지만 실제로 설계할 때 힙 메모리 영역의 견적을 내는 것도 쉬운 일이 아닙니다. 힙 메모리 영역은 애플리케이션 서버가 기동할 때 사용하는 일정량을 제외하면 대부분 애플리케이션에서 이용합니다. 애플리케이션의 구체적인 힙 메모리 사용량은 '실제로 프로그래밍된 애플리케이션을 동작시켜 보지 않으면 알 수 없는' 경우가 대부분이기 때문입니다. 따라서 설계 단계에서 애플리케이션의 메모리 사용량을 예측하는 것은 매우 어렵습니다. 대부분은 대략적으로 견적을 내서 힙 메모리 크기를 설정하고, 시스템 테스트 단계에서 시스템에 부하를 가하여 힙 메모리 사용량을 확인한 후 최종적인 값을 결정합니다.

반대로 말하면 예측하는 것보다 테스트를 중점적으로 수행하는 것이 더 중요하며 테스트할 때는 어느 정도의 부하를 가할지, 부하를 가할 때 어떤 형태로 힙 메모리 영역을 확인할지 등을 명확하

---

7 메모리 부족 현상으로, 애플리케이션이 확보된 메모리 크기 이상의 메모리를 사용하려고 할 때 발생합니다.

게 정하는 것이 중요합니다. 따라서 설계 단계에서는 사용자에게 이 점에 대해 이해를 구해야 합니다.

프로세스가 종료될 가능성이 있다면 처음부터 어느 정도 여유를 갖고 힙 메모리를 크게 설정하는 것이 좋다고 생각할 수도 있지만, 힙 메모리를 너무 크게 설정하면 이번에는 다른 문제가 발생합니다.

애플리케이션에서 더 이상 힙 메모리 영역에 할당된 객체를 사용하지 않더라도 특별히 아무것도 하지 않으면 그대로 메모리 영역에 남아 있습니다. 그러므로 아무것도 하지 않고 그대로 두면 힙 메모리 영역은 사용되지 않는 객체로 가득 차게 됩니다.

애플리케이션 서버는 이런 불필요한 객체를 삭제하는 메커니즘을 구현합니다. 이 기능은 **가비지 컬렉션**(garbage collection)이라고 하며, 이를 수행하는 주체를 **가비지 컬렉터**(Garbage Collector, GC)라고 합니다. 힙 메모리 영역 크기는 이 기능이 동작할 때 영향을 줍니다.

GC는 객체를 청소하는 '객체 청소부' 역할을 하지만 안타깝게도 힙 메모리 영역을 청소하는 동안에는 새로운 객체를 생성하거나 생성한 객체를 실행하는 것을 허용하지 않습니다. 즉, '지금은 이 방을 청소 중이므로 애플리케이션 동작은 조금 기다려 주세요'라는 의미입니다. GC가 객체를 청소하는 동안에는 시스템이 중지됩니다. 그리고 청소 시간은 당연히 방 크기인 힙 메모리 영역 크기에 비례합니다.

실제로 이 청소 시간은 매우 짧으며 사용자 대부분은 그것을 체감하지 못합니다. 하지만 힙 메모리 영역이 커지면 청소에 걸리는 시간이 몇 초가 될 수도 있습니다. GC 동작은 그림 5-8과 같습니다.

❤ 그림 5-8 가비지 컬렉터(GC) 동작

그림 5-8과 같이 GC가 동작 중에는 애플리케이션 본연의 기능이 중지되므로 힙 메모리 영역을 무제한으로 크게 만들기는 어렵습니다. 이를 염두에 두고 적절한 힙 메모리 영역을 결정해야 합니다.

---

column ≡ **블루-그린 배포와 이뮤터블 인프라스트럭처**

일반적인 업무 시스템은 새로운 서비스의 추가처럼 애플리케이션 사양을 변경하는 일이 자주 일어나며, 그때마다 애플리케이션을 릴리스해야 합니다. 일반적으로 릴리스 작업은 운영 환경에 갑작스럽게 배포하는 것이 아니라 검증 환경에서 충분히 테스트되고 결함은 없는지 확인한 후 운영 환경에 배포합니다. 그런데 검증 환경과 운영 환경의 차이 등으로 배포한 후 운영 환경에서 다양한 문제가 끊임없이 발생합니다. 애플리케이션 변경뿐만 아니라 인프라 환경의 변경(소프트웨어의 버전 업그레이드나 파라미터 설정 변경 등)에서도 동일한 문제가 많이 발생합니다.

이런 문제를 해결하는 방법으로 '블루-그린 배포(blue-green deployment)' 방식이 주목받고 있습니다. 운영 환경을 미리 '블루'와 '그린' 두 환경으로 준비합니다. 하나는 '가동 환경(실제 운영 환경)'으로 구성하고, 나머지 하나는 새로운 애플리케이션을 검증하는 환경으로 구성합니다. 실제 릴리스는 '블루'와 '그린'을 전환하면 배포를 완료합니다. 또 다음 릴리스할 때는 '비가동 환경'으로 구성한 '블루' 환경에서 배포와 검증을 수행하고 가동 중인 '그린'과 '블루'를 전환합니다. 이 방법은 실행 중인 운영 환경에 손을 댈 일이 없으므로 좀 더 안전하고 확실하게 릴리스할 수 있습니다.

▼ 그림 5-9 블루-그린 배포

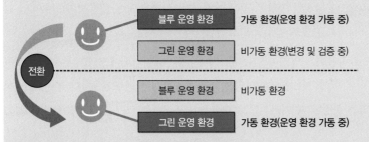

이런 방법은 클라우드나 가상화 기술의 발전으로 완전히 동일한 서버 시스템을 여러 개 구성하는 비용이 줄어 구현이 가능해졌습니다.

최근에는 블루-그린 배포 방식의 개념을 한층 더 발전시킨 '이뮤터블 인프라스트럭처(immutable infrastructure)' 개념이 주목받기 시작했습니다. '이뮤터블'이란 '변경하지 않는다'는 의미로, 한 번 만든 인프라 환경은 '변경하지 않는다'는 개념입니다. 구체적으로는 애플리케이션이나 인프라 환경이 변경되더라도 현재의 운영 환경에 손을 대지 않고 새로운 운영 환경을 그때마다 구축해서 블루-그린 배포와 마찬가지로 전환하여 배포하는 방식입니다. 이때 비가동 환경인 이전 운영 환경은 폐기하며, 다음 번 변경에서는 또 새로운 운영 환경을 구축해야 합니다.

● 계속

이런 관리 방법도 가상화와 컨테이너 기술이 발전함에 따라 쉽게 구현할 수 있게 되었습니다.

▼ 그림 5-10 이뮤터블 인프라스트럭처

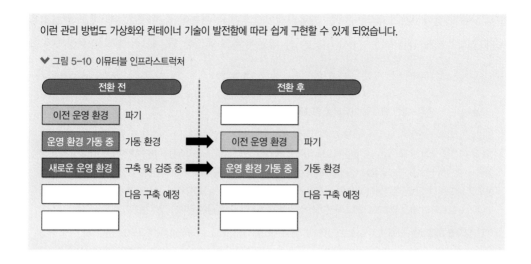

5.1.3 성능을 고려한 설계 예 3: 데이터베이스 메모리 설정

데이터베이스 성능에는 메모리 설정이 영향을 많이 미칩니다. 이것은 모든 솔루션의 공통적인 과제이며, 데이터베이스를 설계하는 데도 필수적인 요건입니다.

메모리에는 다양한 용도로 사용되는 영역이 있습니다. 이번에는 데이터베이스의 대부분을 차지하는 가장 중요한 메모리 영역인 데이터 캐시 영역의 설정을 중심으로 살펴보겠습니다. 데이터 캐시 영역을 제외한 다른 영역을 설정할 때 기본적으로 솔루션이 권장하는 크기를 따르면 문제가 없습니다.

먼저 데이터 캐시 영역이 어떤 경우에 사용되는지 살펴보겠습니다.

데이터베이스 시스템은 자신이 보관하는 데이터를 조회하거나 갱신할 때, 처리 시간이 걸리는 디스크 공간에 접근하기 전에 처리가 매우 빠른 메모리의 데이터 캐시 영역에 접근하여 필요한 정보가 있는지를 먼저 찾아봅니다. 데이터 캐시 영역에 찾는 데이터가 없으면 다시 디스크 영역에 접근해서 정보를 찾습니다.

즉, 데이터 캐시 영역은 시스템 성능을 높이고자 사용 빈도가 높은 데이터에 빠르게 접근하게 하는 데이터 보관 공간입니다. 데이터 캐시 이용은 그림 5-11과 같습니다.

극단적인 예로, 데이터베이스에서 보관하는 모든 데이터를 데이터 캐시 영역에 보관하면 데이터 접근 성능은 비약적으로 향상됩니다. 하지만 그런 일은 현실적으로 거의 불가능합니다.

데이터베이스에는 수백 GB(기가바이트) 혹은 몇 TB(테라바이트: 기가바이트의 1000배)의 대용량 데이터를 저장하는 것을 전제합니다. 예를 들어 일반적으로 사용하는 개인 PC의 메모리는 작게는 4GB, 크게는 10GB 정도입니다. 따라서 수백 GB에 달하는 데이터를 메모리에 보관한다는 것은 매우 비현실적입니다.

이런 내용을 바탕으로 실제로 데이터 캐시 영역의 크기를 어떻게 결정해야 하는지 살펴보겠습니다.

❤ 그림 5-11 데이터 캐시

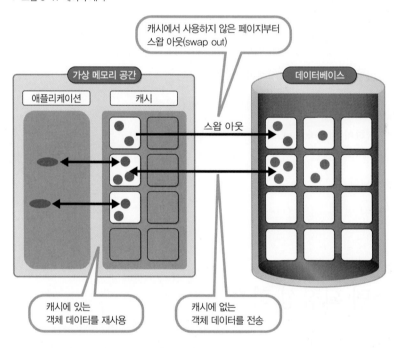

데이터베이스를 조회(또는 갱신)하는 시점에서 데이터 캐시 영역에 참조할 데이터가 존재하는 확률을 캐시 히트율이라고 합니다. 이론적으로는 데이터 캐시 영역을 크게 설정할수록 캐시 히트율이 높아지고 성능이 향상됩니다. 하지만 실제로는 데이터 캐시 영역을 늘려도 더 이상 성능이 좋아지지 않는 지점이 존재합니다. 데이터 캐시 영역과 성능의 상관도는 그림 5-12와 같습니다.

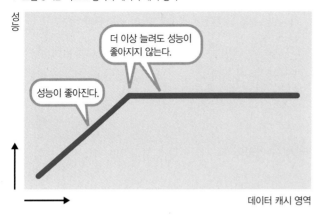

그림 5-12 디스크 영역과 데이터 캐시 영역

여기에서는 상세한 계산식은 생략하지만, 메모리에 데이터 캐시 영역을 늘리는 것은 디스크에서 데이터를 읽는 경우에 비해서 비교적 고가의 메모리가 필요하므로 구축 비용이 증가합니다. 따라서 예산을 고려하여 데이터 캐시 크기를 결정해야 합니다.

지금까지 구성 요소별로 성능 향상을 고려한 설정을 살펴보았습니다.

사전에 고려 사항을 반영하여 설계하고 테스트를 수행했을 때 문제가 없더라도 운영 단계에서 시스템 확장 가능성을 0%로 만들 수는 없습니다. 다음 절에서는 이런 '시스템 확장성'을 어떻게 확보해야 하는지 살펴보겠습니다.

INFRA ENGINEER

5.2 시스템 확장성 확보

시스템이 사용하는 리소스가 부족하여 시스템을 확장해야 한다고 판단되면 일반적으로 스케일업 또는 스케일아웃 중 한 가지 방법으로 대응합니다.

스케일업은 서버 자체 성능을 높이는 방법이고, 스케일아웃은 서버 수를 늘리는 방법입니다. 모두 시스템 성능을 향상시키는 방법으로 사용합니다.

여기에서는 스케일업과 스케일아웃을 이용한 구체적인 대응 방법과 대응을 수행하는 대상을 상세하게 살펴보겠습니다.

5.2.1 시스템 확장성 확보 1: 스케일업과 스케일아웃

스케일업이란 글자 그대로 서버 자체의 스케일(규모)을 크게 만드는 확장 방법입니다. 구체적으로는 개별 부품(CPU, 메모리 등)을 더 고성능인 부품으로 교체하거나 서버에 개별 부품을 추가로 설치하는 방법입니다. 스케일업 예는 그림 5-13과 같습니다.

▼ 그림 5-13 스케일업

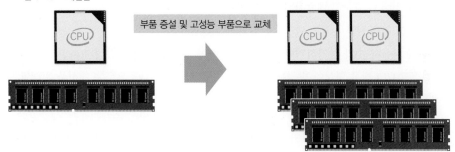

한편 스케일아웃도 글자 그대로 시스템의 스케일(규모)을 다른 서버로 분할(아웃)하는 확장 방법입니다. 구체적으로는 기능이 동일한 서버를 증설하는 방법입니다. 스케일아웃 예는 그림 5-14와 같습니다.

▼ 그림 5-14 스케일아웃

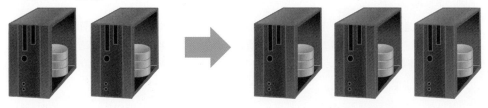

그러면 실제로 시스템을 확장할 때는 어떤 방법을 적용하면 좋을까요? 스케일업, 스케일아웃 두 가지 방법 모두 장단점이 있습니다.

- **클러스터링과 적합성**

  스케일업은 서버 특성에 관계없이 어떤 서버에도 적용할 수 있지만, 스케일아웃은 부하분산 클러스터(4.3.1절 참고)에만 적용할 수 있습니다. 따라서 HA 클러스터(4.3.2절 참고)로 구성하는 것이 일반적인 서버(DB 서버 등)에는 스케일업을 적용하고, 부하분산 클러스터로 구성하는 것이 일반적인 서버(웹 서버 등)에는 스케일아웃을 적용합니다. 물론 부하분산 클러스터의 서버를 스케일업으로 확장할 수도 있습니다.

- **비용 관점 비교**

  한편 스케일아웃을 선택할 때는 서버를 추가로 구축해야 하고, OS나 미들웨어의 라이선스를 추가해야 하기에 스케일업보다는 상대적으로 구축 비용이 커집니다. 최근에는 기업에서 시스템 비용 관리가 엄격해지고 있어 실제 현장에서는 스케일업으로 대응하는 경우가 압도적으로 많습니다.

  스케일업으로 CPU 코어 수가 증가하면 그에 따라 라이선스 비용도 추가로 발생할 수 있으므로 해당 내용은 솔루션 매뉴얼이나 라이선스 정보를 확인하기 바랍니다.

- **확장 내용에 따른 판단**

  시스템의 사용자 수가 증가하거나 기능을 추가하여 업무 처리가 복잡해져(파일 전송 증가 등) 디스크 I/O 병목 현상이 발생한다고 판단되면, 스케일업 대응으로는 개선을 기대할 수 없으므로 반드시 스케일아웃을 선택해야 합니다.

다음 절에서는 시스템 확장과 관련하여 운영 단계에서 시스템 확장 사례와 구체적인 확장 방법을 살펴보겠습니다.

---

column ☰ **하이퍼 컨버지드 인프라스트럭처(HCI)란**

최근에는 '가상화 기반'으로 인프라를 구성하곤 합니다. 가상화 장점은 서버, 네트워크, 스토리지 등 제한적인 리소스를 좀 더 효율적으로 이용할 수 있다는 것입니다. 그러나 복수의 서버와 외부 스토리지, 이를 연결하는 네트워크를 구성하는 다양한 하드웨어와 소프트웨어의 최적화된 구성을 검토하고 도입하는 것이 요구되므로 관리나 운영이 점점 복잡해집니다(그림 5-15).

'가상화 기반'을 좀 더 간단하게 구현하는 방법으로 컨버지드 인프라스트럭처(CI)라는 솔루션을 제안합니다. 이는 사전에 제조사에서 최적화한 서버, 네트워크, 스토리지, 소프트웨어(가상화 하이퍼바이저 등)의 구성을 조합한 수직 통합형 솔루션으로, 본체 하나에서 가상화하여 데이터센터를 구축할 수 있습니다(그림 5-16).

▼ 그림 5-15 일반적인 시스템

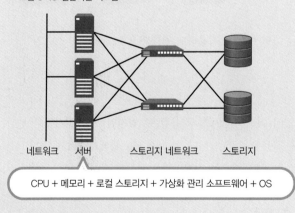

네트워크　　서버　　스토리지 네트워크　　스토리지

CPU + 메모리 + 로컬 스토리지 + 가상화 관리 소프트웨어 + OS

◑ 계속

▼ 그림 5-16 CI(컨버지드 인프라스트럭처)

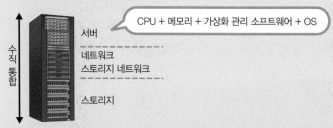

또 최근에는 **하이퍼 컨버지드 인프라스트럭처**(Hyper Converged Infrastructure, HCI)라는 새로운 개념의 솔루션을 다양한 업체에서 제안하고 있습니다. HCI는 일반적인 서버(CPU, 메모리, 로컬 스토리지) 가상화 통합 기능과 SDS(Software Defined Storage) 기능을 통합한 소형 어플라이언스 제품으로 제공할 때가 많습니다. 외부 스토리지를 사용하지 않고 통합 서버의 로컬 스토리지를 공유 및 통합하여 시스템 이미지 하나로 운영할 수 있습니다(그림 5-17).

서버 수를 증설하는 것만으로도 쉽게 스케일아웃하여 필요한 용량을 확보할 수 있습니다. CI보다 더 유연하게 운영하며 관리 비용도 줄일 수 있고, 소규모 구성부터 대규모 구성까지 수용할 수 있습니다(그림 5-18).

그럼 CI와 HCI에서는 일반적인 인프라 설계가 필요 없을까요?

CI에서는 필요한 구성을 설계하고 장비 내에서 가상 인프라를 구성해야 합니다. HCI에서는 서버와 스토리지에 관한 물리적인 설계가 거의 필요 없어 쉽게 스케일아웃할 수 있습니다. 한편 동일한 CPU와 스토리지가 추가되므로 가상 데스크톱(VDI)에는 가장 적합한 것으로 알려져 있지만, 데이터양만 증가하는 시스템에는 대응하기 어려운 단점이 있습니다.

클라우드도 포함하여 앞으로 인프라 설계에서는 '어떤 구성이 가장 적합한가?'가 중요하며, 각 구성에 대응하는 '비기능 요구의 구현'도 중요합니다.

▼ 그림 5-17 HCI(하이퍼 컨버지드 인프라스트럭처)

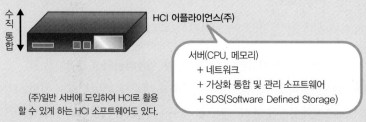

(주)일반 서버에 도입하여 HCI로 활용할 수 있게 하는 HCI 소프트웨어도 있다.

▼ 그림 5-18 HCI 스케일아웃

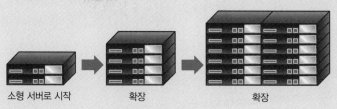

소형 서버로 시작   확장   확장

5.2.2 시스템 확장성 확보 2: 운영할 때의 시스템 확장 예

이 절에서는 시스템을 운영하기 시작한 후 발생할 수 있는 문제와 그 대응 사례(시스템 확장 예)를 살펴봅니다. 인프라 관점 사례이므로 업무 애플리케이션의 결함은 이 책에서 다루지 않겠습니다.

- **사례 1**: 시스템 응답 시간 악화
- **사례 2**: 디스크 공간 부족
- **사례 3**: 업무 추가 및 업무 기능 확장에 따른 인프라 확장 필요성

이 세 가지 사례를 살펴보겠습니다.

사례 1: 시스템 응답 시간 악화

우선 시스템의 응답 시간이 악화되는 전형적인 예로 '서비스 시작 초기에는 클라이언트 웹 브라우저에서 버튼을 클릭한 후 반응이 되돌아올 때까지 2~3초 정도였던 응답 시간이 점점 느려지면서 10초 정도 걸렸다'가 있습니다. 이 경우 점검할 항목은 다음과 같습니다.

- 사용자(트랜잭션)의 급격한 증가는 없나요?
- CPU나 메모리 사용률에는 문제없나요?
- 웹 애플리케이션 서버의 힙 메모리 사용률은 문제없나요?
- 데이터베이스의 데이터 캐시 히트율은 높은 수준을 유지하나요?
- 네트워크 전송 속도는 문제없나요?
- 애플리케이션(AP) 서버나 데이터베이스(DB) 서버의 디스크 I/O는 문제없나요?

물론 시스템의 응답 시간 악화는 인프라 관점뿐만 아니라 업무 애플리케이션 관점에서 점검도 필요합니다. 최종적으로는 업무 애플리케이션 담당자와 협력하여 각 담당 범위 안에서 처리 시간이 어떻게 변화하는지, 업무 애플리케이션이 리소스를 효율적으로 사용하는지도 함께 종합적으로 점검해야 합니다. 그 전 단계로 '인프라' 관점에 초점을 두고 점검 항목을 정리한 것이 그림 5-19입니다.

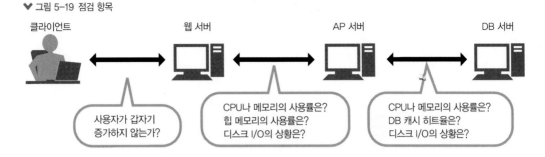

클라이언트　　　　　　웹 서버　　　　　　AP 서버　　　　　　DB 서버

사용자가 갑자기
증가하지 않는가?

CPU나 메모리의 사용률은?
힙 메모리의 사용률은?
디스크 I/O의 상황은?

CPU나 메모리의 사용률은?
DB 캐시 히트율은?
디스크 I/O의 상황은?

CPU와 메모리 사용률이 병목 현상을 일으킬 수 있는 경우에는 먼저 스케일업을 사용하여 리소스를 늘리는 것을 검토합니다. 해당 서버의 상한까지 리소스를 확장해도 대응이 어렵다고 판단되면 스케일아웃을 사용한 서버 증설을 검토합니다.

본체의 빈 슬롯 수가 부족하여 스케일업할 수 없을 때는 CPU와 메모리를 고성능 부품으로 교체하는 방법도 있습니다. 이 경우는 원래 장착된 리소스를 새 것으로 교체하는 형태가 되므로 일반적인 스케일업에 비하여 비용이 크게 증가합니다. 따라서 시스템에서 사용 가능한 예산을 감안해서 꼭 필요한 일인지 여부를 검토하는 것이 중요합니다. 리소스에 중요한 문제가 있더라도 우선 예산 범위 안에서 확장 방법을 검토해야 하는 상황이 자주 발생합니다.

AP 서버에서 힙 메모리 영역 크기에 문제가 있다면 힙 메모리 영역 확장을 검토해야 하는데, 여기에서는 다음과 같이 해야 한다는 점이 중요합니다.

OS 사용 메모리 크기 + 힙 메모리 크기 〈 해당 서버의 물리 메모리 크기

이것이 반대가 되면 OS의 페이징 기능(물리 디스크를 메모리 대용으로 사용하는 기능)이 동작합니다. 물리 디스크에 접근하는 속도는 메모리에 접근하는 속도에 비해서 매우 느리므로 성능이 저하됩니다. 그 결과 '힙 메모리 영역을 늘렸는데도 응답 시간이 나빠진다' 같은 상황도 발생할 수 있으므로 이 점은 주의가 충분히 필요합니다. 페이징이 발생하는 상황은 그림 5-20과 같습니다.

5

성능·확장성 설계 이론

▼ 그림 5-20 페이징

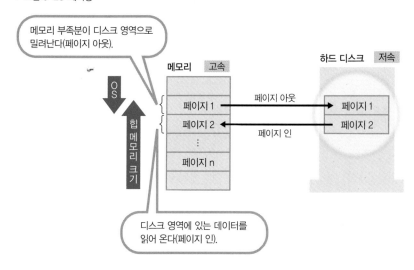

힙 메모리 영역을 확장할 때 사용하는 물리 메모리가 부족할 때는 메모리를 추가하는 스케일업으로 대응해야 합니다.

또 힙 메모리 영역을 확장할 때는 기능이 동일한 모든 클러스터의 대상 애플리케이션 서버에 같은 크기로 증설해야 합니다. 기능이 동일한 서버를 힙 메모리 크기가 제각각인 상태로 운영하면 다음번 문제가 발생할 때 분석이나 대응이 어려워지며 유지보수가 힘들어집니다.

특정 업무가 많은 힙 메모리 공간을 점유하는 것을 어느 정도 알고 있다면 새로운 애플리케이션 서버를 추가하고 업무 기능을 서버 단위로 분할하는 방법도 있습니다. 업무 기능을 분할한 모습은 그림 5-21과 같습니다.

그림 5-21에서는 한 서버 내에서 기능 A, 기능 B, 기능 C가 운영됩니다. 기능 C가 많은 힙 메모리 공간을 사용하므로 신규 서버를 구축해서 기능 C를 별도의 서버로 분리하여 힙 메모리의 사용 효율을 높이고 있습니다. 이와 같이 서버를 분리하여 기능과 처리 성능을 보장할 수 있습니다.

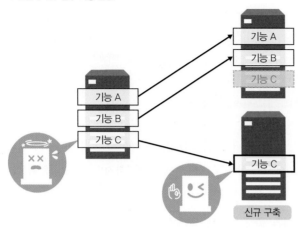
▼ 그림 5-21 업무 기능 분할

기능 A
기능 B
기능 C

기능 A
기능 B
기능 C

기능 C

신규 구축

하지만 확장 방식이 스케일아웃에 가까운 형태이므로 스케일업에 비해서 비용이 많이 듭니다. 또 업무에 따라서는 단순하게 서버로 이동하는 것이 어려울 수 있으므로 실제로 수행할 때는 사전에 업무 팀과 충분히 협의하고 테스트를 수행해야 합니다.

데이터베이스의 데이터 캐시 히트율이 낮을 때는 데이터베이스에 저장하는 데이터가 예상보다 많아져 캐시 공간이 부족하다고 예상할 수 있으므로 캐시 영역의 확장을 검토해야 합니다. 이때도 힙 메모리 크기를 확장할 때와 마찬가지로 확장 크기가 물리적인 메모리 용량을 초과하지 않도록 주의해야 합니다.

총량을 초과할 것 같다면 스케일업을 사용하여 물리적인 메모리를 추가한 후 확장해야 합니다. 또 5.1.3절에서 설명한 데이터 캐시 영역은 확장하더라도 그에 비례하여 히트율이 높아지지 않는 한계점이 존재합니다. 접속 빈도와 데이터 크기에 따라 최적 값이 다르므로 표준 값을 설정하기는 어렵지만, 이 점을 고려해서 확장하기 바랍니다.

이 밖에 네트워크 전송 속도가 문제라고 판단되면 네트워크 케이블을 물리적으로 빠른 것으로 교체하거나 이용할 수 있는 크기(대역폭)로 증가시켜야 합니다. 네트워크 경로는 보통 여러 시스템에서 공유하므로 한 시스템이 사용할 수 있는 대역폭에 상한을 설정하는 경우가 적지 않습니다. 예를 들어 10Gbps 네트워크 경로를 시스템 세 개에서 공유하는 경우 각 시스템이 사용할 수 있는 대역폭은 2Gbps 정도로 제한됩니다. 시스템 세 개에 총 6Gbps를 할당하고 나머지 4Gbps는 향후 확장성이나 새로운 시스템 추가에 대비하여 예비 영역으로 확보합니다. 네트워크 대역폭 사용 예는 그림 5-22와 같습니다.

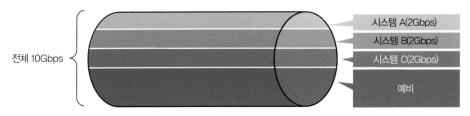

▼ 그림 5-22 네트워크 대역 공용

전체 10Gbps

시스템 A(2Gbps)

시스템 B(2Gbps)

시스템 C(2Gbps)

예비

그림 5-22에서는 간단하게 설명했지만, 실제로는 네트워크 대역폭을 제어하는 것은 매우 복잡하고 고도의 제어 기술이 필요합니다. 여기에서는 상세한 내용 설명은 생략하지만 '네트워크 회선의 정보 전송량을 모두 해당 시스템에서 사용할 수 있는 것은 아니다'는 점에 유의해야 합니다.

또 회선의 대역폭(정보 전송량)을 공유하는 이상 시스템 상황에 따라 대역폭을 확장하거나 전체 대역폭을 확장할 때는 다른 공유 시스템과 조정이 필요합니다. 그러므로 네트워크 I/O(입출력)에 문제가 발생하면 먼저 해당 시스템에서 전송량을 줄일 수 있는 방법(파일을 압축하여 전송하는 등)을 확인한 후 대역폭 확장을 검토해야 합니다.

한편 상황에 따라서 네트워크 대역폭이 원인이 아니라 라우터(게이트웨이)가 처리할 수 있는 한계에 도달한 것이 원인일 수도 있습니다. 그림 5-23과 같은 구성 예로 설명합니다.

이 예에서는 업무 처리가 지연되어 원인을 조사하고 있습니다. 웹 서버, AP 서버, DB 서버의 리소스 사용량이 평소와 별 차이가 없으며, 지연 원인이 되는 부분을 찾을 수 없어 추가로 네트워크 장비를 조사한 결과 라우터가 처리할 수 있는 용량 한계를 넘었습니다. 이 네트워크에서는 클라이언트와 각 서버 간 통신뿐만 아니라 웹/AP 서버와 DB 서버 사이의 통신도 라우터를 경유하도록 구성하여 처리하는 데 한계에 도달했습니다. 이때는 대역폭 크기의 문제가 아니므로 네트워크 경로를 증설해야 합니다. 그림 5-24와 같이 네트워크 경로를 추가함으로써 라우터의 트래픽[8]이 감소하고 전체 통신 속도도 빨라졌습니다.

---

8 인터넷이나 LAN 등 컴퓨터 통신 회선에서 일정 시간 내 네트워크로 전송되는 데이터양을 의미합니다.

❤ 그림 5-23 라우터 병목(문제가 발생했을 때)

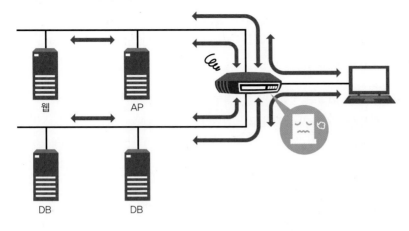

❤ 그림 5-24 라우터 병목(문제를 해결한 후)

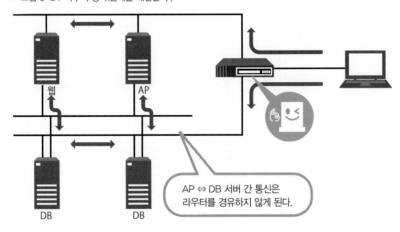

> AP ⇔ DB 서버 간 통신은
> 라우터를 경유하지 않게 된다.

하지만 라우터는 방화벽 기능이나 트래픽 제어 기능을 제공하는 제품도 있어 이런 기능이 동작할 것으로 생각하여 라우터를 통과하도록 경로로 구성하기도 합니다. 이때를 대비하여 네트워크를 증설하고 물리적으로 경로를 변경할 때는 기존 네트워크 경로에서 특별한 제어 기능을 사용하는 지도 확인해야 합니다.

디스크 I/O에 문제가 있다고 판단했을 때는 앞 절에서 설명한 스케일업을 사용한 대응은 어렵고, 스케일아웃을 사용하여 대응해야 합니다. 디스크 I/O는 리소스를 보강하여 개선할 수 있는 성질이 아니므로 단순하게 입출력 데이터양을 줄이지 않으면 개선이 어렵습니다.

스케일아웃을 사용하여 서버 수가 증가하면 부하분산으로 1대당 입출력 데이터양이 감소해서 서버의 디스크 I/O도 감소합니다.

또 최근 기술 발전으로 이전보다 디스크의 접속 효율이 현격하게 향상되었으므로, 탑재된 디스크를 통째로 고속화한 디스크로 교체해서 대응할 수도 있습니다. 하지만 이 경우 저장된 데이터를 새로운 디스크로 마이그레이션해야 하며, 디스크를 교체하는 데도 많은 비용과 노력이 필요하므로 실제로는 대응이 어려울 때가 많습니다.

그림 5-25는 디스크 I/O 병목 현상의 예입니다. 이 경우 디스크 I/O가 너무 많아 CPU를 효율적으로 활용하지 못하고 사용자는 '속도가 느리다'고 느낍니다.

❤ 그림 5-25 디스크 I/O 병목

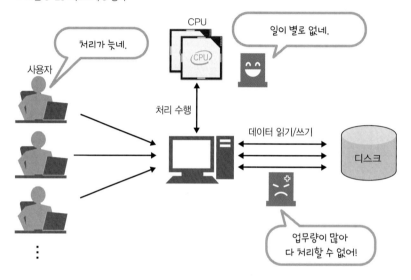

사례 2: 디스크 공간 부족

디스크 공간 부족은 다음과 같은 경우에 자주 발생합니다.

- 보관해야 하는 데이터양 또는 애플리케이션이나 소프트웨어의 로그양이 예상보다 크게 늘어난 경우
- 시스템을 운영할 때 요구사항 변경 등으로 데이터와 로그의 보관 기간이 늘어난 경우

시스템 운영을 시작하는 시점에는 디스크 용량에 어느 정도 여유가 있겠지만, 일반적으로 사용률이 대략 80%를 넘으면 '주의 필요', 90%를 넘으면 '증설 필요'라고 판단합니다.

최근 하나의 전용 디스크 장치를 서버와 파이버 채널 케이블 등으로 연결하여 여러 서버에서 하나의 디스크 장치를 나누어 사용하는 경우가 늘어나고 있어 디스크 총량을 제한하는 경우가 많다는 점에 주의해야 합니다. 디스크 공유 예는 그림 5-26과 같습니다.

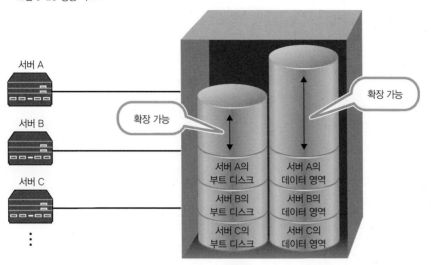

디스크가 탑재된 장치를 디스크 어레이라고 하며, 디스크 어레이에 탑재할 수 있는 디스크 총량에는 제한이 있습니다. 디스크 어레이에서 할당되지 않은 공간을 사용하여 증설할 수 있으면 그다지 크게 문제되지 않습니다. 한편 디스크 총량을 초과하는 공간을 할당하려면 디스크 어레이 증설이 필요합니다. 이 경우 증설에 따른 영향 범위 조사, 설계서 등 문서 확인과 갱신, 증설에 필요한 시간을 예상한 일정 조정 등 여러 방면에서 검토와 작업 시간이 필요합니다.

디스크 어레이는 물리적으로 크기가 매우 크고, 증설하면 설치 공간의 문제도 발생합니다. 기존 디스크 어레이와 공유하는 형태로 구성하려면 새로운 디스크 설계가 필요하며 많은 시간과 비용이 발생합니다.

또 서버가 개별적으로 디스크를 보유하고 있을 때는 이 문제가 발생하지 않지만, 각 서버가 보유하고 있는 디스크의 빈 슬롯 수에 따라서 확장 가능한 용량이 달라집니다.

사례 3: 업무 추가 및 업무 기능 확장에 따른 인프라 확장 필요성

지금까지는 문제가 발생하거나 장애가 발생할 때의 기능 확장을 살펴보았는데, 업무가 추가되거나 업무 기능 확장으로 인프라를 확장해야 할 때도 있습니다.

운영을 시작할 때부터 시스템을 폐기할 때까지 업무 애플리케이션 기능이 변화하지 않는 경우는 거의 없으며, 시대 변화와 사용자 요구에 따라서 운영 중 특정 기능을 확장하는 경우가 자주 발생합니다. 업무가 추가되거나 기능이 확장되면 이를 지원하는 인프라도 기능을 확장해야 합니다.

사례 1과 중복되는 부분도 있지만, 업무 기능이 확장될 때는 인프라에 미치는 영향을 고려하여(그림 5-27) 특히 다음 사항을 검토해야 합니다.

- 기능 확장으로 CPU와 메모리 사용률이 얼마나 증가하나요?
- 기능 확장으로 웹 애플리케이션 서버의 힙 메모리 추가가 필요한가요?
- 데이터베이스의 테이블 증가로 데이터양이 급격하게 증가하지 않았나요?

▼ 그림 5-27 업무 추가에 따른 인프라 고려 사항

CPU나 메모리 등 리소스가 추가로 필요하다면 스케일업하여 리소스를 강화해야 합니다. 업무 기능이 확장되어 사용자 수가 대폭 증가할 것으로 예상된다면 디스크 I/O가 성능 한계 값에 도달하는 것도 예측할 수 있으므로 스케일아웃을 사용한 서버 강화도 함께 염두에 두고 검토합니다.

5.2.3 시스템 확장성 확보 3: 가상화 서버를 이용한 시스템 확장

마지막으로 가상화 서버를 이용한 시스템 확장도 살펴보겠습니다.

가상화 서버는 서버(물리 서버) 1대에 복수의 가상 서버(가상화 서버)를 정의하여 사용하는 방식입니다. 각 가상화 서버에서는 독립적으로 OS나 소프트웨어를 실행시킬 수 있으며, 물리 서버 하나를 마치 복수의 독립된 서버처럼 사용할 수 있습니다. 가상화를 수행하려면 전용 소프트웨어가 필요합니다.

가상화 서버와 물리 서버의 구성(현행 시스템) 비교는 그림 5-28과 같습니다.

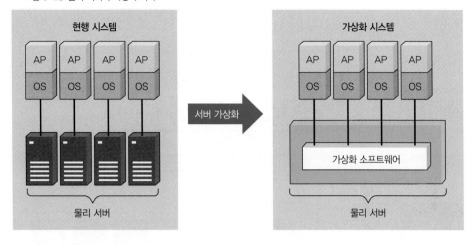

1. 가상화 서버의 장단점

최근에는 인프라 시스템을 설계할 때 대부분의 시스템에서 가상화 구성을 채택할지 검토합니다. 따라서 가상화 서버를 이용한 시스템 확장 방법을 설명하기 전에 먼저 가상화 장단점을 살펴봅니다.

(1) 가상화 장점

가상화 서버의 장점은 주로 다음과 같습니다.

- 서버 수 감소에 따른 운영 비용 절감
- 서버 관리의 단순화
- 리소스의 효율적인 활용
- 오래된 OS나 소프트웨어 사용

그림 5-28에서는 4대였던 물리 서버를 1대로 가동하고 있습니다. 이렇게 하면 서버의 설치, 소비 전력, 운영 비용 절감(4대에서 1대로 관리) 등 비용적인 장점을 누릴 수 있습니다. 또 물리 서버 수가 감소하여 하드웨어 유지보수 비용도 절감할 수 있습니다.

가상화 소프트웨어를 사용하여 가상화된 서버는 물리 서버 1대에서 파일 형식으로 정의됩니다. 물리 서버에 있는 파일에 '가상 서버 A는 CPU와 메모리를 이만큼, 디스크를 이만큼 할당한다'는 형태로 정의하면, 물리 서버에 배치된 리소스에서 가상화 소프트웨어가 필요한 만큼 리소스를 확보하고 서버가 기동되는 구조입니다. 가상화 리소스 공유는 그림 5-29와 같습니다.

❤ 그림 5-29 리소스 공유

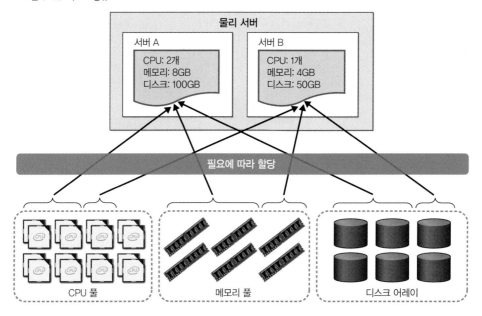

운영 관리 측면에서 살펴보면 물리 리소스를 모두 캡슐화하여 관리할 수 있으므로 관리 작업을 단순화할 수 있습니다. 가상화된 서버는 동일한 물리 서버에서 실행되는 다른 가상 서버에 영향을 주지 않으므로 가상 서버가 종료되더라도 물리 리소스가 고장 나지 않는다면 다른 가상 서버에 영향을 미치지 않습니다.

가상화하지 않은 서버에서는 해당 서버에 탑재된 CPU나 메모리 등 리소스를 해당 서버에서만 사용할 수 있습니다. 하지만 가상화된 서버는 가상화 소프트웨어가 도입된 물리 서버 하나에 모두 탑재되므로 리소스를 공유할 수 있어 효율적으로 사용할 수 있습니다. 그림 5-30은 효율적으로 리소스를 활용하는 예입니다.

❤ 그림 5-30 효율적인 리소스 활용

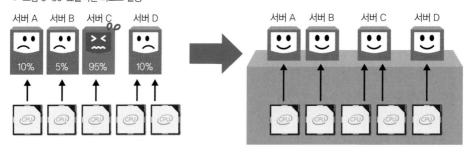

그림 5-30에서 서버는 4대 실행 중이고, 서버 A~C는 각 CPU 한 개, 서버 D는 CPU 두 개를 탑재하고 있습니다. CPU 사용률을 살펴보면 서버 C가 사용률 95%로 상당히 리소스가 부족합니다. 한편 서버 D는 CPU가 두 개 탑재되어 있지만 사용량은 10%입니다. 이때 서버 D의 CPU를 서버 C에서 사용할 수 있다면 모든 서버의 CPU 사용률을 평준화할 수 있지만, 가상화되지 않은 서버에서는 안타깝게도 자신에게 탑재된 CPU만 사용할 수 있습니다. 따라서 서버 C의 CPU 사용률 문제를 해결하려면 서버 C의 CPU를 스케일업으로 대응하여 서버를 강화하는 방법밖에 없습니다.

하지만 가상화된 서버 구성에서는 CPU가 물리 서버 하나로 통합된 형태이므로 서버 D에서 사용하던 CPU를 서버 C로 '이동'할 수 있어 리소스를 효율적으로 활용할 수 있습니다.

또 가상화 소프트웨어의 종류에 따라서는 물리 CPU 하나를 논리적으로 서버 두 개에 0.5씩 분산하여 할당할 수도 있습니다. 이것을 마이크로 파티셔닝이라고 합니다. 마이크로 파티셔닝은 운영 환경에 비하여 리소스 탑재량이 제한되는 개발 환경에서 많이 활용합니다.

CPU 예를 살펴보았지만, 다른 리소스도 마찬가지로 서버 간 리소스 할당을 쉽게 변경할 수 있습니다.

지금까지 사용한 OS나 소프트웨어는 시스템 갱신에 따라 버전을 업그레이드하는 것이 일반적이지만, OS나 소프트웨어를 새로운 버전으로 교체할 때는 우선 신구 버전의 차이를 검토(새로운 버전에서는 어떤 기능이 추가되었는지, 같은 명령어를 실행할 때 동작 변화는 없는지 등)해야 합니다.

이 작업은 '말은 쉽고, 하기는 어렵다'는 전형적인 예로, 말로 표현하면 단순한 차이를 비교한 것이지만, 실제로는 비교 대상 범위가 방대하여 OS 하나만 검토하더라도 며칠이나 걸리는 경우도 많습니다.

또 해당 OS에서 실행되는 애플리케이션도 그대로 사용할 수 없고 대부분 커스터마이징이 필요하며, 커스터마이징에 따른 테스트도 필요하므로 비용이 추가로 발생합니다.

이런 이유로 시스템을 갱신할 때 지금까지 사용하던 OS나 소프트웨어를 갱신 후에도 그대로 계속 사용하고 싶다는 요구사항이 발생할 수 있습니다. 하지만 시간이 지나면서 하드웨어가 발전하고, 결과적으로 현재 사용하는 OS나 소프트웨어가 지원 대상에서 제외되면 버전 업을 피할 수 없습니다.

이 경우에도 가상화 서버는 하드웨어에 의존 관계가 없으므로 현재 사용하는 OS나 소프트웨어를 계속해서 가동시킬 수 있습니다. 이외에도 서버의 리소스는 현행보다 강화되므로 성능이 향상될 수도 있습니다.

(2) 가상화 단점

지금까지 가상화 장점을 살펴보았습니다. 장점만 살펴보면 '가상화는 장점이 너무 많네! 앞으로 시스템 구축은 모두 가상화해야지!'라고 생각할지도 모릅니다. 하지만 '이 세상에 고장 나지 않는 기계는 없다'는 말이 있듯이 '단점 없는 기술 또한 없다'고 보아야 합니다.

가상화 단점은 다음과 같습니다.

- 기대하는 성능이 나오지 않을 수 있습니다.
- 물리 서버의 내결함성(장애 대응) 설계가 복잡합니다.
- 가상화에 대한 전문 지식이 필요합니다.

가상화로 구축된 서버는 각각 별도의 서버로 가동하지만, '물리 서버 1대의 리소스를 분할하여 구축하고 있다'는 점에 유의해야 합니다. 따라서 단일 물리 서버와 동일한 리소스를 탑재하고 있더라도 단순하게 비교하면 동일한 성능을 내지 못할 수도 있습니다.

또 장애 관점에서 볼 때 서버 환경에 물리 장애가 발생하면 가상화하지 않은 시스템에서는 장애가 발생한 서버만 영향을 받습니다. 하지만 가상화했을 때는 '가상화 서버를 정의하는 물리 서버'에 장애가 발생하면 모든 서버가 영향을 받습니다. 그러니 내결함성 설계를 할 때는 가상화 서버의 이중화와 함께 가상화 서버를 정의하는 물리적 서버에 대한 이중화도 검토가 필요합니다. 이렇게 하면 가상화하지 않은 시스템에 비해서 장애 대응 설계가 복잡해집니다.

가상화 시스템을 도입할 때는 장단점을 충분히 비교·검토한 후 도입 여부를 결정해야 합니다.

2. 가상화 서버의 확장성

여기에서는 가상화 서버의 확장을 살펴보겠습니다.

가상화 서버에서 시스템 확장에 접근하는 방식은 지금까지 살펴본 내용과 거의 차이가 없습니다. 결정적인 차이점은 확장 방법입니다. 장점에서도 살펴보았지만, 가상화 서버의 CPU나 메모리 등 리소스는 한곳에 탑재되어 있습니다. 따라서 스케일업을 수행할 때는 (시스템 전체에서 할당되지 않은 리소스가 있다는 것을 전제로) 그때마다 리소스를 추가할 필요는 없고, 각 가상 서버의 리소스양을 작성한 정의 파일을 수정하여 서버를 재시작하는 것만으로도 작업이 완료됩니다.

또 원격으로도 작업할 수 있으므로 작업자가 일부러 데이터센터까지 가서 작업할 필요가 없습니다. 최근에는 서버 재기동조차 불필요하고, 정의 파일을 변경하는 것만으로도 동적으로 리소스를 추가할 수 있는 가상화 소프트웨어도 존재합니다. 이 경우 시스템 정지나 이중화한 서버를 하나씩 중지하여 리소스를 확장하는 작업도 필요하지 않습니다.

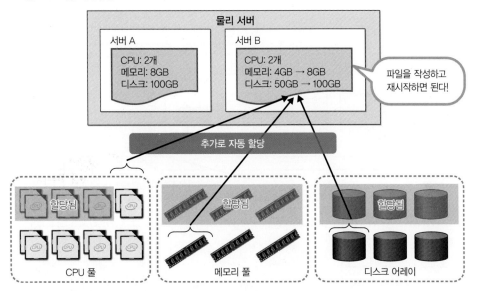

그림 5-31은 가상화 서버의 확장 구성입니다. 이 예제에서 서버 B는 다음과 같이 확장합니다.

- CPU를 1 코어에서 2 코어로 확장

- 메모리를 4GB에서 8GB로 확장

- 하드 디스크를 50GB에서 100GB로 확장

그림 5-31과 같이 서버 B의 리소스양이 작성된 정의 파일을 수정하고 서버를 재기동하는 것만으로도 확장이 완료됩니다.

스케일아웃을 사용한 서버 증설 예는 그림 5-32와 같습니다.

이 예제에서는 서버 B를 스케일아웃하고 새로운 서버 C를 생성합니다. 스케일아웃 대상인 서버 정의 파일을 복사하여 호스트 이름과 네트워크 정의 등을 수정하고 기동하는 것만으로도 증설이 완료됩니다(단 서버의 OS나 소프트웨어에 대해서는 별도의 설치가 필요할 때가 있습니다). 각 풀에서 미사용된 리소스가 자동으로 할당되므로 하드웨어를 데이터센터에 추가로 설치하는 작업은 불필요하며, 각종 초기 리소스 설정도 신규 구축과 비교하여 상당히 단순화할 수 있습니다.

앞으로도 가상화 서버에는 다양하게 기술 혁신이 일어날 것이므로 성능, 내결함성, 보안은 더욱 개선되리라 예상합니다. 가상화 기술을 보유한 전문가도 늘어날 것으로 생각합니다. 또 현재 많은 기업이 안고 있는 IT 인프라 관련 문제는 가상화 지원 도구가 갖추어지면 향후 해결될 것입니다.

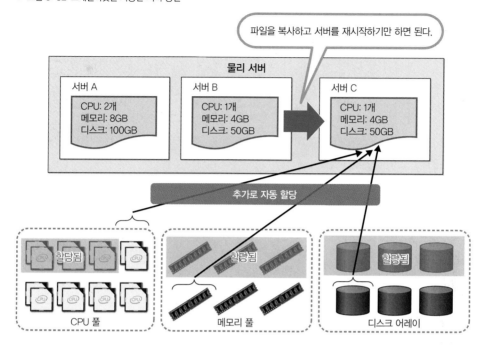

현재 운영 담당자가 수동으로 수행하는 리소스 이용의 모니터링과 리소스 조정을 특정 규칙을 기준으로 하여 자동으로 수행하게 되면, 이 장의 주제였던 시스템 확장 작업도 현재보다 유연하고 확장성 높은 통합적 컴퓨팅 환경을 구현할 수 있을 것입니다.

지금까지 시스템 성능을 어떻게 이끌어 낼지, 시스템을 확장할 때 어떤 점을 고려해야 할지 살펴보았습니다. 다음 장에서는 시스템을 실제로 가동한 후 '운영' 설계 단계에서 무엇을 고려해야 하는지 살펴보겠습니다.

---

column ≡ **인프라 환경 변화**

2006년 아마존이 클라우드 서비스인 AWS(Amazon Web Services)의 EC2(Elastic Compute 2) 서비스를 시작할 때부터 본격적으로 클라우드 시대가 시작되었습니다. 인프라에 새로운 클라우드라는 선택지가 추가되었습니다. 그 전까지는 인프라를 온프레미스[9] 데이터센터에 설치하여 각종 서버에 구축된 시스템이나 동일한 하드웨어를 개발 업체가 자사 데이터센터에서 제공하는 호스팅 서비스 정도로만 생각했습니다.

◐ 계속

---

9 역주 정보 시스템의 하드웨어를 사용자가 보유한 사무실이나 데이터센터 등 설비 내에 설치하고, 사용자 자신이 주체적으로 관리하는 운영 형태를 가리킵니다.

하드웨어에 탑재된 소프트웨어도 이전에는 직접 하드웨어에 설치하고, 이른바 네이티브 환경에서 가동시켰습니다. 지금은 가상 환경이 보급되고, 나아가 컨테이너에서 OS와 애플리케이션을 구동하거나 여러 컨테이너를 통합적으로 관리하여 가용성을 확보하는 일을 일반적으로 할 수 있게 되었습니다. 또 그 환경을 온프레미스의 프라이빗한 환경에서 구축할 수도 있고, 클라우드 퍼블릭 혹은 프라이빗 전용 환경(가상화, 베어메탈)으로 구축할 수도 있습니다. 전자는 프라이빗 클라우드라고 하며, 후자는 퍼블릭 클라우드라고 합니다.

또 양쪽 환경을 결합하여 인프라를 구축할 수 있는데, 이는 일반적으로 하이브리드 클라우드라고 합니다.

인프라 설계자는 사용자 요구사항을 듣고 이런 인프라 환경 중에서 최적의 조합을 선택해야 합니다. 차례로 등장하는 최신 기술에 항상 관심을 가져야 한다는 의미입니다. 사용자가 최신 기술에 대해 문의했을 때 '아, 잘 알지 못해서 죄송합니다' 하고 대답한다면 인프라 설계자로 좋은 평가를 받지 못할 수 있습니다.

▼ 그림 5-33 인프라 환경 변화

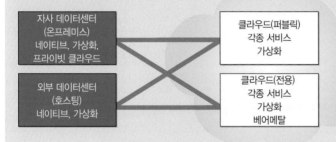

6^장

운영·유지보수
설계 이론

6장에서는 시스템 운영 및 유지보수 위주로 살펴보겠습니다. 운영 및 유지보수는 어떤 업무를 정의하는 것일까요? 시스템이 무사히 서비스를 시작한 후에는 운영 조직이 시스템을 운영합니다. '운영'을 한마디로 설명하기에는 업무 내용이 다양하며, 시스템 특성에 따라 상세한 내용이 달라집니다.

일반적인 시스템을 운영할 때 공통으로 검토해야 하는 사항은 다음과 같습니다.

- 몇 시부터 몇 시까지 서비스를 제공하나요?
- 각 백업은 어떤 내용을 얼마나 자주 수행하고, 보관 기간은 어느 정도로 하나요?
- 시스템 모니터링은 구체적으로 어떻게 수행하나요?
- 유지보수 작업 등으로 시스템을 정지해야 할 때 '시스템이 정지하는 시간'은 언제, 어느 시간대로 하나요?
- 어떤 기술 지원 체계로 시스템을 운영하나요?
- 운영자 부하를 줄이려고 어떤 부분을 자동화하나요?

이 장의 각 절에서 이런 고려 사항을 운영 관점에서 상세하게 살펴보겠습니다.

6.1 | 시스템 운영 항목 1: 운영 시간

시스템 운영을 검토할 때 가장 먼저 결정해야 할 것은 시스템의 운영 시간(해당 시스템의 서비스를 사용자에게 제공하는 시간대)입니다. 이후에 검토가 필요한 모든 항목과 관련이 깊기 때문입니다. 자세한 내용은 뒤에서 살펴보겠지만, 백업은 일반적으로 시스템의 운영 시간 외에 수행합니다. 시스템이 얼마 동안 정지하는지에 따라 백업할 수 있는 시간과 양이 제한됩니다. 예를 들어 시스템 모니터링에서 동일한 오류가 발생했을 때 시스템 운영 시간 내에 발생하면 즉시 대응할 수 있지만, 시스템 운영 시간 외에 발생하면 다음 날 대응할 수 있습니다. 이 경우에는 운영 비용도 달라질 수 있습니다. 시스템 운영 시간에 대한 내용은 그림 6-1과 같습니다.

▼ 그림 6-1 시스템 운영 시간

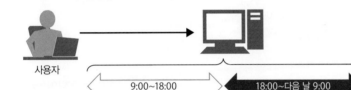

이와 같이 운영 시간은 다른 운영 및 유지보수 요구사항과 밀접하게 관련되어 있어 한번 결정한 시간을 나중에 변경하면 관련한 요구사항에 다양하게 영향을 미칠 수 있으므로 여러 관점에서 재검토해야 합니다. 즉, 운영 시간을 검토할 때는 요구사항 검토 초반에 실시해야 하며, 이후 운영 시간을 변경하려면 다양한 관점에서 재검토해야 합니다. 이때 비용이 추가로 발생하거나 검토한 일정이 변경될 수도 있다는 내용을 사용자에게도 전달해야 합니다.

또 운영 시간을 검토할 때는 특정일을 정의할 것인지도 결정해야 합니다. 여기에서 말하는 특정일은 일반적인 운영 시간과 다른 시간대에 운영해야 하는 날을 의미합니다. 구체적으로 매일 동일한 시간에 운영할 것인지, 주말은 평일보다 운영 시간을 단축할 것인지, 추석 연휴나 설날 연휴에 시스템을 완전히 정지할 것인지 등 평소와 다른 운영 일을 정하는 것입니다.

여기에서 특정일을 시스템에서 일률적으로 정할 수 없다면 매번 담당자가 새로 지정해야 하므로 구현이 어려울 수도 있습니다.

예를 들어 그림 6-2와 같이 '일요일'이나 '매월 첫째 날'은 매년 변화가 없으므로 비교적 구현하기 쉽습니다. 그런데 '추석 연휴'나 '설날 연휴' 같은 날은 해마다 날짜가 다르고 휴가 일수나 공휴일 사이의 평일이 매년 달라집니다. 이렇게 되면 어떤 특정한 방법을 사용하여 매년 운영 담당자가 일정을 갱신하거나 전용 시스템이 필요하므로 구현하기 더 어려워집니다.

▼ 그림 6-2 메모리를 초기에 확보하는 예

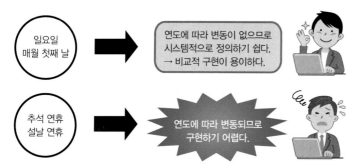

사용자가 반드시 필요하다고 요청하면 어쩔 수 없이 구현해야 합니다. 이때 구현이나 운영이 복잡해진다는 점을 사용자에게 리스크로 공유하는 것이 중요합니다.

시스템 운영 시간을 검토할 때는 시간을 결정하는 것 외에도 '운영 시간 외에 발생하는 요청'을 어떻게 대응할지 결정해야 합니다.

그림 6-3은 '시스템 안내 페이지' 예로, '지금은 서비스 시간이 아니므로 시스템을 사용할 수 없습니다. 서비스 제공 시간에 다시 방문해 주세요.'라고 안내합니다.

▼ 그림 6-3 시스템 안내 페이지

하지만 이 화면을 표시하려면 특정 시간이 되었을 때 로드 밸런서나 웹 서버에서 시스템에 들어오는 요청을 차단하고 안내 페이지를 표시하는 특별한 방법을 적용해야 합니다. 시스템 안내 페이지를 보여 주는 구성 예는 그림 6-4와 같습니다.

❤ 그림 6-4 서비스 안내 페이지의 구성

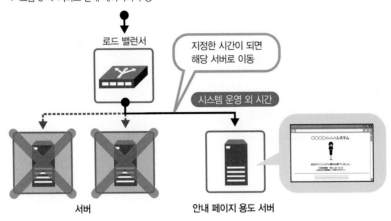

사내 시스템처럼 특정 사용자만 이용하는 시스템이라면 운영 시간 외 요청은 잘못된 요청이므로 이런 기능을 특별히 적용하지 않은 경우도 간혹 있습니다. 간단한 기능인 것 같지만 이것을 구현하려면 당연히 안내 페이지가 동작하는 장비를 선정하는 것은 물론 안내 페이지를 작성해야 하고, 서비스를 전환할 수 있게 설계해야 하며, 테스트도 해야 합니다. 따라서 시스템 운영을 설계할 때 안내 페이지의 사용 유무도 중요한 검토 사항입니다.

6.2 시스템 운영 항목 2: 시스템 정지 시간

INFRA ENGINEER

'시스템 정지 시간'과 '시스템 운영 시간'은 동전의 앞면과 뒷면처럼 떼려야 뗄 수 없는 관계입니다. 일반적으로 서비스 운영 시간이 아니더라도 시스템은 가동되며, OS나 소프트웨어도 동작합니다. 하지만 하드웨어의 유지보수 작업이나 데이터 관리, 보안 패치 적용 등으로 시스템을 정지해야 수행할 수 있는 작업이 있습니다. 이런 작업을 수행할 수 있는 시간대를 정의하는 것이 **시스템 정지 시간**입니다. 시스템 정지 시간은 '시스템 운영 외의 시간'과는 의미가 다름을 기억하기 바랍니다.

일반적으로 시스템을 정지해야 하는 작업은 정기적으로 발생하지 않습니다.[1] 따라서 '시스템 작업 계획'을 사전에 계획하고 사용자에게 안내한 후 수행합니다.

❤ 그림 6-5 시스템 작업 계획 안내 메시지

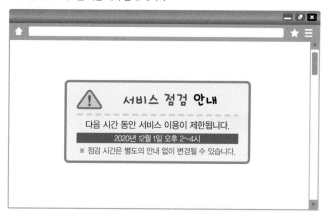

시스템 작업 계획에 대한 안내 메시지 예는 그림 6-5와 같습니다. 앞 절에서 설명한 시스템 안내 페이지는 원래 시스템을 사용할 수 없는 시간대를 공지하는 것입니다. 시스템 작업 계획에 대한 안내 메시지는 사용자에게 시스템을 사용할 수 있는 시간대에 시스템이 정지하여 사용할 수 없다는 것을 알려 주는 것입니다. 따라서 시스템 운영 시간 외에 시스템 작업 계획은 사용자에게 안내 메시지로 공지할 필요가 없습니다.

하지만 운영 시간대에 계획적으로 시스템을 정지하는 경우에는 모든 시스템이 정지되므로 사전에 시스템 정지 상황을 감안해서 설계하지 않았다면 다음 작업에 대한 조정이 필요합니다.

- 예정된 시간에 수행되는 배치 작업 확인
  - → 대안 검토
- 다른 시스템과 연계하는 시스템은 해당 시스템과 조정
  - → 해당 시간의 연계 작업 중지 또는 시간 변경

시스템이 정지되었을 때 예정된 작업을 조정하는 예는 그림 6-6과 같습니다.

1 　역주　최근에는 정기적으로 시스템의 서비스를 점검하는 경우도 많습니다. 시스템의 고장 및 장애를 방지하고자 정기적으로 시스템을 사전에 점검 및 정비하는 것을 정기 PM(Prevention-Maintenance)이라고 합니다.

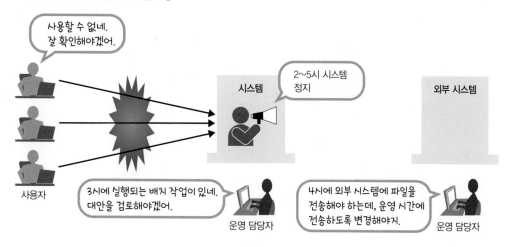

업무 조정을 최소화하려면 설계 단계에서 시스템 정지 시간을 사전에 정의해야 합니다. 시스템 정지 시간을 정할 때는 다음과 같이 사전에 설계해 두면 이후 운영 과정에서 시스템 정지 계획에 따른 작업을 할 때 부하를 크게 줄일 수 있습니다.

- 배치 작업을 설계할 때 시스템 정지 시간에 배치 작업을 제한합니다.
- 데이터를 다른 시스템과 연계할 때는 시스템 정지 시간을 피해야 합니다.

6.3 시스템 운영 항목 3: 백업

백업 검토는 운영 및 유지보수 단계에서 매우 중요한 항목입니다. 백업을 수행하려면 무엇을 어떻게 백업해야 하는지 혹은 어떤 관점에서 백업해야 하는지 검토해야 합니다.

백업은 시스템에 문제가 발생했을 때 사용할 수 있는 '보험'과 역할이 같습니다. 먼저 '백업을 언제 해야 하는지'에 대해 검토합니다.

백업을 해야 하는 주요 상황과 그 상황에 필요한 백업은 표 6-1과 같습니다.

▼ 표 6-1 주요 백업 상황과 그 상황에 필요한 백업

용어	주요 백업 상황	필요한 백업
1	시스템에 장애가 발생했을 때 원인 분석 및 복구	시스템 백업 및 솔루션 백업, 분석용 로그 백업
2	어떤 결함으로 데이터 유실, 데이터를 잘못 갱신했을 때 데이터 복구	데이터 백업
3	시스템 감사의 목적으로 데이터와 로그 장기 보관	감사 로그 백업

시스템 특성에 따라 다른 백업이 필요할 수도 있지만 주로 이 세 가지 백업이 필요합니다.

그럼 다음 절에서 좀 더 자세한 내용을 살펴보겠습니다.

6.3.1 시스템에 장애가 발생했을 때 원인 분석 및 복구

시스템에 장애가 발생했을 때의 백업 및 복구 상황은 그림 6-7과 같습니다.

▼ 그림 6-7 시스템에 장애가 발생했을 때 백업 및 복구

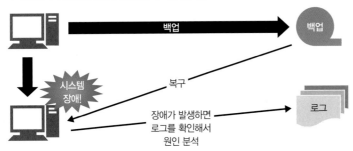

시스템에 장애가 발생하면 백업 상황에 따라 어디까지 시스템을 복구할 수 있는지 결정됩니다. 예를 들어 데이터베이스 백업은 실시간으로 백업할 수도 있지만, 실시간으로 백업하면 시스템 부하 또한 실시간으로 발생하므로 당연히 시스템 성능이 저하됩니다. 백업을 1일 1회 수행하고 있다면 장애가 발생했을 때 데이터가 최종으로 백업한 지점으로 복구할 수 있으므로 최대 23시간 59분 59초 분량의 데이터가 손실될 수 있지만, 성능에는 크게 영향을 주지 않습니다. 구체적인 백업과 성능의 상관관계는 그림 6-8과 같습니다.

구축하는 시스템 특성에 따라 장애가 발생했을 때 어떤 데이터를 어느 시점까지 되돌려야 하는지는 달라집니다. 예를 들어 은행의 온라인 시스템에서는 데이터가 조금이라도 불일치하면 사용자가 혼란에 빠지고 사회적 영향도 매우 크므로 데이터 보존을 최우선으로 생각해야 합니다. 반대로 특정 기업의 인사 시스템이라면 며칠 분량의 데이터가 없어지더라도 그 영향이 사내로 제한되고, 데이터를 문서로 보관하고 있다면 다시 데이터를 입력하여 복구할 수도 있습니다. 따라서 먼저 사용자와 '장애가 발생했을 때 어느 지점까지 복구할 것인지'에 대해 요구사항으로 정리 · 합의해야 합니다.

❤ 그림 6-8 백업과 성능의 상관관계

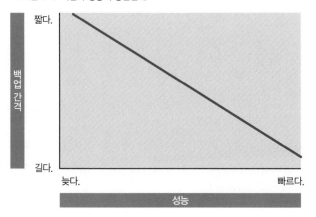

백업 빈도와 성능은 트레이드 오프[2] 관계이므로 시스템 특성을 고려한 후 최적의 백업 주기를 결정합니다. 또 백업 대상에 따라 앞 절에서 살펴본 내용처럼 시스템이 정지하고 있는 시간대만 백업이 가능할 때도 있습니다. 서버의 시스템 백업 등이 이에 해당합니다. 따라서 백업할 때는 운영 시간을 고려하여 백업 대상을 결정해야 합니다.

또 장애가 발생했을 때는 발생 시간대 로그를 확인하여 문제 원인을 분석해야 합니다. 이와 같은 상황에서 어느 정도까지 과거 데이터를 분석해야 하는지도 검토해야 합니다. 정상으로 가동될 때의 로그와 비교할 수도 있으므로 최소한 1개월 분량, 가능하면 3개월 분량 정도의 로그를 보관하는 것이 좋습니다.

2　두 목표 가운데 하나를 달성하려고 하면 나머지 다른 목표는 달성이 늦어지거나 희생됩니다.

6.3.2 데이터가 삭제되거나 잘못 갱신한 경우 복구

어떤 결함이나 실수로 데이터가 유실되거나 잘못 갱신되었을 때 백업을 이용한 복구 예는 그림 6-9와 같습니다.

▼ 그림 6-9 데이터를 잘못 삭제하거나 갱신했을 때 백업을 이용한 복구

데이터를 잘못 삭제하거나 갱신했을 때를 대비하려면 백업을 보관하는 기간이 중요합니다. 예를 들어 백업 주기가 일(하루) 단위고 보관 기간이 2일이라면 '2일 전 ○○의 갱신이 잘못되었다! 3일 전 상태로 복구하고 싶다'는 요구사항이 발생하더라도 어제와 오늘 2일분 백업밖에 없으므로 복구할 수 없습니다. 예는 그림 6-10과 같습니다.

이런 사태를 방지하려면 시스템이 며칠 전 데이터까지 복원해야 하는지 사전에 사용자와 합의해야 합니다.

하지만 백업 데이터를 보관하려면 디스크 공간이 필요하므로, 보관 일수에 따라 필요한 디스크 용량이 증가한다는 점도 잊어서는 안 됩니다. 예를 들어 데이터베이스를 백업하는 경우 고객 수천만 명의 데이터 보관 일수를 하루 늘리는 데 디스크 용량은 수백 GB(기가바이트)가 필요할 수 있으므로 주의해야 합니다.

▼ 그림 6-10 백업 데이터가 부족한 예

〈고객 데이터〉

고객 이름	대출 금액	대출 잔액	상환일
고객 A	1000만 원	700만 원	3/31
고객 B	800만 원	800만 원	8/10
고객 C	1500만 원	1500만 원	9/15

1일 차

고객 이름	대출 금액	대출 잔액	상환일
고객 A	1000만 원	700만 원	3/31
고객 B	800만 원	750만 원	8/10
고객 C	1500만 원	1300만 원	9/15

2일 차　　1일 차 백업

고객 이름	대출 금액	대출 잔액	상환일
고객 A	1000만 원	700만 원	3/31
고객 B	800만 원	750만 원	8/10
고객 C	1500만 원	1300만 원	9/15

3일 차　　2일 차 백업　　1일 차 백업

고객 이름	대출 금액	대출 잔액	상환일
고객 A	1000만 원	400만 원	3/31
고객 B	800만 원	600만 원	8/10
고객 C	1500만 원	1300만 원	9/15

4일 차　　3일 차 백업　　2일 차 백업　　1일 차 백업

고객 B의 대출 잔액을 1일 차로 되돌리고 싶다.

시스템 사용자

백업 데이터가 없어 되돌릴 수 없네.

운영 담당자

6.3.3 시스템 감사 목적의 데이터와 로그의 장기 보관

시스템 감사 목적으로 백업하는 예는 그림 6-11과 같습니다.

▼ 그림 6-11 시스템 감사 목적의 백업

백업

감사 로그

시스템 감사 목적으로 증적 자료 제출!

반년분의 로그 제출

시스템 감사 담당자

시스템을 감사하는 목적으로 로그를 보관할 때는 보관 기간을 길게 설정해야 합니다. 일반 엔지니어에게는 '시스템 감사'가 구체적으로 무엇을 하는 것인지 생소하게 느껴질 수 있습니다. 오랜 기간 인프라를 구축한 경험이 있는 엔지니어라고 하더라도 구체적인 내용은 잘 모르고, 중요해 보이는 로그라고 생각해서 장기간 보관하고 있는 경우도 적지 않습니다.

시스템 감사는 '회사 정보 시스템 환경의 신뢰성, 안전성, 유효성을 감사'하는 일입니다. 바꾸어 말하면, '이 시스템은 문제없이 안정적으로 가동하고 있습니까? 보안은 문제없습니까? 시스템을 부정하게 사용하지는 않습니까?' 등을 시스템과 관련이 없는 '제삼자'에게 평가받는 것입니다.

구체적으로는 그림 6-12와 같은 흐름으로 시스템 감사를 진행합니다. 여기에서 말하는 감사 의뢰자는 회사 경영자, 시스템 감사인은 감사를 수행하는 제삼자, 감사 대상 부서는 해당 시스템을 관리하는 시스템 조직 부서입니다.

그리고 감사를 수행할 때 평가 기준의 근거인 감사 로그는 중요한 증거 자료입니다. 예를 들어 시스템이 '장기간 안정적으로 가동'된 것을 증명하려면 감사에 필요하므로 로그는 '장기간' 보관해야 하며 유용한 증거 자료가 될 수 있습니다.

▼ 그림 6-12 시스템 감사

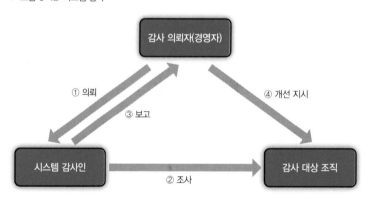

감사 로그를 장기간 보관하는 또 다른 이유가 있습니다. 시스템을 올바르지 않게 사용했더라도 바로 발각되지 않을 수 있으며, 경우에 따라서는 몇 개월이나 1년 이상 지난 후 발각될 수도 있습니다. 예를 들어 '부정하게 회사의 고객 데이터베이스(DB)에 접속하여 개인 정보를 입수하고, 개인 정보를 지속적으로 판매했음에도 반년 후에 뒤늦게 발각되었다'는 뉴스로 접하는 사고가 바로 '불법 사용이 나중에 발각되는' 전형적인 예입니다. 시스템을 불법으로 사용하여 발각되는 모든 과정은 그림 6-13과 같습니다.

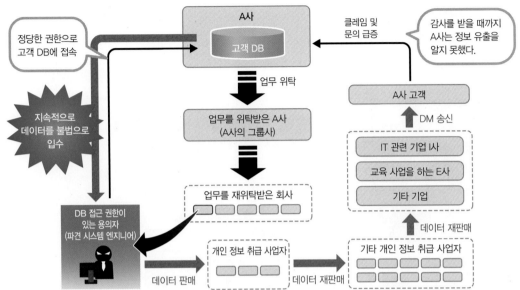

장기간에 걸쳐 시스템을 불법으로 사용한 것을 밝혀 내려면 불법으로 사용한 시점부터 발각되기까지 모든 로그를 시계열로 조사하고 사실을 확인해야 합니다. 이때도 장기간 로그를 보관해야 합니다. 반대로 오랫동안 쓸모없는 데이터를 계속 보관하고 있다면 디스크 용량만 늘어나고 로그를 보관하는 효과가 없으며 불필요한 리소스를 사용하게 됩니다. 검색하는 데도 많은 시간이 걸리므로 보관 기간은 조직과 시스템의 상황과 균형을 검토하여 적정한 기간을 산정하는 것이 매우 중요합니다.

시스템 감사라는 목적에서 오래 보관하는 것보다 더 좋은 방법은 없으므로 시스템 특성을 고려하여 최소 1년, 가능하면 3~4년간 감사 로그를 보관하는 것이 좋습니다.

6.4 / 시스템 운영 항목 4: 시스템 모니터링

INFRA ENGINEER

시스템을 운영할 때 모든 시스템에서 반드시 필요한 것이 '시스템 모니터링'입니다. 시스템 모니터링이 필요한 이유는 '시스템 서비스가 올바르게 동작하고 있는지' 지속적으로 확인해야 하기 때문입니다. 4.1절에서 살펴본 것처럼 세상에 '절대 고장 나지 않는' 기계는 없습니다. 따라서 시스템 모니터링은 시스템을 안정적으로 운영하는 데 필수 조건입니다.

여기에서는 구체적으로 무엇을 어떻게 모니터링해야 하는지 살펴봅니다. 시스템 모니터링 예는 그림 6-14와 같습니다.

▼ 그림 6-14 시스템 모니터링

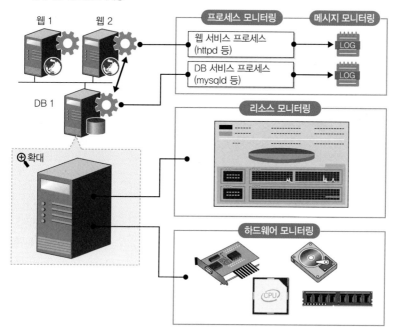

시스템 모니터링 항목은 다양하지만, 인프라 관점에서 다음 다섯 가지 항목을 모니터링해야 합니다.

1. 프로세스 모니터링

2. 메시지 모니터링

3. 리소스 모니터링

4. 하드웨어 모니터링

5. 잡 모니터링

전용 모니터링 소프트웨어에 이 항목들을 설정하고 모니터링합니다(모니터링 메커니즘은 독자적인 소프트웨어를 개발하여 운영하는 것도 가능하지만, 개발 부하가 크므로 보통은 전용 소프트웨어를 도입합니다). 이 항목 외에도 어떤 특정 요청에 대한 응답이 예상대로 반환하는지를 확인하는 '서비스 모니터링'도 필요합니다. 그러나 서비스 모니터링은 인프라 영역보다는 오히려 애플리케이션 범위에서 다루므로 이 책에서는 생략합니다.

그럼 이 다섯 가지 모니터링 항목을 상세하게 살펴보겠습니다.

1. 프로세스 모니터링

프로세스 모니터링은 서비스를 지속적으로 수행하고자 서버에서 계속 실행해야 하는 특정 프로세스가 문제없이 가동하고 있는지를 확인하는 모니터링입니다. 예를 들어 웹 서버라면 http 프로세스, AP 서버라면 웹 애플리케이션 서버(WAS) 프로세스(자바 프로세스)가 모니터링 대상이 되는 프로세스입니다. 일반적으로 모니터링 프로세스는 사용하는 소프트웨어가 결정하는 경우가 많으므로, 실행되는 각 소프트웨어에 따라 필요한 프로세스 종류와 수를 사전에 확인하여 모니터링합니다.

또 OS가 동작하는 데 필수적으로 실행해야 하는 프로세스도 모니터링해야 합니다(모니터링 대상 프로세스는 OS에 따라 다릅니다).

이외에도 직접 개발하거나 커스터마이징한 프로그램을 항상 가동해야 할 때는 해당 프로세스도 모니터링해야 합니다.

2. 메시지 모니터링

메시지 모니터링은 로그를 모니터링하는 것입니다. 시스템을 가동하는 과정에서 OS나 솔루션이 출력하는 로그, 애플리케이션이 출력하는 로그 등 다양한 로그가 출력됩니다. 시스템에 이상이 발생했을 때 해당 로그 중 하나에 오류 메시지가 출력되므로 로그를 정기적으로 모니터링해야 합니다. 모니터링할 때는 로그 파일별로 대응하는 메시지 또는 메시지 코드를 정의합니다. 모니터링 절차는 그림 6-15와 같습니다.

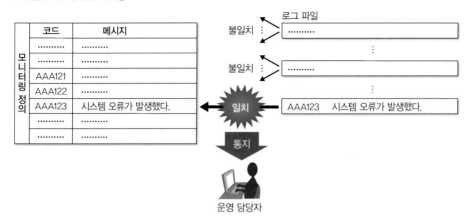

여기에서 모니터링 대상을 선정할 때는 주의가 필요합니다. 예를 들어 단순히 코드가 E(오류)를 포함하는 메시지를 모니터링 대상으로 선정하면, 결과적으로 시스템 기동에는 문제가 없을 때도 하루에 오류를 수십 건 통지하는 문제가 발생할 수 있습니다. 또 대응할 필요가 없는 오류와 실제로 대응이 필요한 오류가 구분되지 않아 적절히 대응하지 못할 수도 있습니다. 반대로 모니터링 대상을 너무 좁히면 대응이 필요한 메시지가 통지되지 않고 시스템 장애가 늦게 감지되는 문제가 발생합니다. 따라서 메시지 모니터링은 모니터링 대상 선정을 균형 있게 설정하기가 매우 어렵습니다.

실무에서는 일반적으로 모니터링 등록 단계에서 모니터링 대상을 어느 정도 큰 틀로 선정합니다. 그리고 실제로 모니터링을 하면서 문제가 발생하는지, 보고를 해야 하는 문제인지 등을 검토하여 불필요한 메시지를 순차적으로 삭제합니다.

3. 리소스 모니터링

리소스 모니터링은 시스템을 구성하는 서버의 CPU, 메모리, 디스크 등 각종 리소스가 적절히 사용되고 있는지 모니터링하는 것입니다. 일반적으로는 리소스 사용률이 모니터링 기준으로 사용됩니다. 예를 들어 CPU는 요구사항 정의 단계에서 'CPU 사용률은 ○○% 이하로 유지하도록 시스템을 구성한다'처럼 정의하므로 이 값을 넘지 않는지 모니터링합니다.

그리고 모니터링 결과를 통지할 때는 이 통지가 일시적인지, 지속적으로 발생하는지 살펴봅니다. 예를 들어 그림 6-16과 같이 CPU 사용률이 95%인 날의 하루 CPU 사용률을 확인한 결과 '시스템 로그로 통지가 발생한 시간대에만 일시적으로 시스템 사용이 집중되고 있다'면 발생한 원인을 조사해야 하지만, 긴급한 사항은 아니라고 판단할 수 있습니다.

그런데 그림 6-17과 같이 '평균적으로 CPU 사용률이 높은 상태를 유지하고 있다'는 경우에는 지속적으로 CPU가 부족한 상황일 수 있으므로 원인을 조사한 후 리소스 증설을 검토해야 합니다.

▼ 그림 6-16 CPU 사용률이 일시적으로 상승

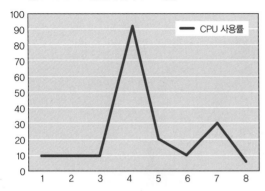

▼ 그림 6-17 CPU 사용률이 지속적으로 높음

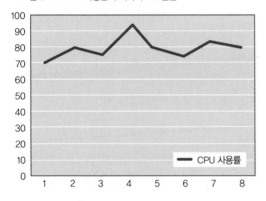

예를 들어 설계 단계에서는 'CPU 사용률이 ○○%를 연속해서 ○회 초과하면 CPU 증설을 검토한다'처럼 대상이 되는 항목, 기준치, 발생 빈도를 어느 정도 명확하게 정하고 그 대응 방법을 구체화해야 합니다.

4. 하드웨어 모니터링

하드웨어 모니터링은 해당 시스템에서 사용하는 모든 하드웨어가 문제없이 계속 가동하는지 모니터링하는 것입니다. 하드웨어에 어떤 장애가 발생하면 일반적으로 장애 발생을 나타내는 내용이 로그 파일에 출력됩니다. 이런 로그 파일이 발생하는지 하드웨어 모니터링으로 계속 확인합니다. 하지만 하드웨어 자체가 다운되었을 때는 당연히 로그 파일에 기록할 수 없으므로 해당 하드웨어의 헬스 체크(health check)[3]도 수행해야 합니다. 그림 6-18은 하드웨어 모니터링의 구체적인 예입니다.

▼ 그림 6-18 하드웨어 모니터링

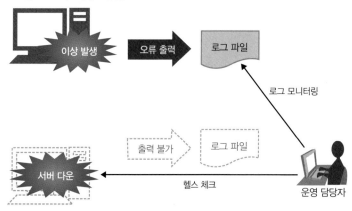

5. 잡 모니터링

잡(job) 모니터링은 예정된 시간에 배치 작업이 시작되었는지 혹은 예정된 시간까지 완료되었는지 등 정기적인 배치 작업이 예상 시간에 시작 또는 완료되었는지 모니터링합니다.

잡 모니터링에는 두 가지 목적이 있습니다.

첫 번째는 수행해야 하는 작업을 모두 성공적으로 수행하고 정상적으로 완료했는지 모니터링합니다. 일반적으로 잡은 작업 흐름이 구성되어 있고 특정 작업이 실패하면 후속 작업이 실행되지 않을 수도 있으므로 모든 작업을 정상적으로 완료했는지 모니터링해야 합니다.

두 번째는 작업 처리가 지연되는지 모니터링합니다. 예를 들어 운영 시스템에서 3시까지 생성한 파일을 4시까지 외부 시스템에 전송해야 한다는 요구사항이 있을 때 늦어도 4시 전까지는 반드시 운영 시스템에서 파일을 생성해야 합니다. 하지만 모니터링하지 않으면 시스템 부하 등으로 작업 처리가 지연되어도 특별히 오류가 출력되지 않기에 4시에 전송할 수 없어 파일을 전송해야 하는 대상 시스템에 장애가 발생할 수 있습니다.

이와 같이 모니터링은 단순히 오류가 있는지 확인할 뿐만 아니라 일정대로 업무를 처리하고 동작하고 있는지 등 시스템 운영 상황을 확인하는 역할도 담당합니다.

---

3 역주 모니터링 대상이 정상인 상태에 있는지 확인하는 것으로 사활 감시라고도 합니다.

column ☰ 운영 및 유지보수의 업무 범위는 어디까지인가?

시스템을 정상적으로 운영할 수 있는 운영 및 유지보수의 업무 범위는 어디까지일까요?

한마디로 시스템을 운영 및 유지보수할 때는 다음과 같이 다양한 역할을 하는 사람이 필요합니다.

- 사용자 관점에서 업무를 수행하는 업무 운영, 사용자가 대응할 수 없는 상황에 대해 지원하는 헬프 데스크
- 실행 중인 시스템을 모니터링하고 운영자에게 연락할 수 있는 운영 시스템 모니터링 담당자
- 시스템 장애 문제를 관리하고 오류를 구분하는 서비스 데스크
- 실제 시스템 장애 대응과 유지보수를 하는 유지보수 담당자

실제로 사람 손을 빌리지 않고 안정적으로 가동할 수 있다면 서비스 품질과 운영 비용 측면에서 매우 이상적으로 시스템을 운영할 수 있습니다. 하지만 시스템 대부분은 서비스 시작 후 시간이 지나면 사용자의 다양한 요구사항이 증가합니다. 이에 오류나 구성 변경 등 예기치 못한 상황에 대한 대응이 필요합니다.

시스템 운영 및 유지보수에서는 '언제', '무엇을' 해야 하는지 항상 파악해야 합니다. 따라서 사전에 개발 팀과 다음 내용을 확인해야 합니다.

- 시스템 개요(어떤 시스템인지)
- 일정(어떤 작업이 있고 언제 가동 예정인 시스템인지)
- 조직, 역할, 연락 프로세스(현재 운영 조직으로 운영 가능한지)
- 운영 절차(운영 관점에서 판단할 수 있는 내용으로 되어 있는지)
- 운영 준비 기간(운영 작업을 숙달하는 기간으로 얼마나 필요한지)
- 기술 지원의 계약 내용(장애가 발생할 때 기술 지원으로 어떤 내용이 계약되어 있는지 등)
- 운영 조직의 요청 사항(현행 시스템의 결함을 개선하고 있는지 등)

운영 및 유지보수는 앞서 설명한 내용처럼 문제가 발생했을 때 피해를 신속하게 파악하고 시스템을 복구하거나 관계자에게 에스컬레이션(escalation)[4]하는 등 다양한 대응이 필요합니다. 따라서 이런 초기 대응 능력과 문제 해결 능력을 활용하여 시스템이나 사용자 업무를 안전하게 보호하는 것이 요구됩니다.

4 　역주　통상적인 절차나 현재 권한 수준으로 해결하기 어려운 문제가 발생할 때 상급자나 상급 부서에 보고하는 것을 의미합니다.

6.5 시스템 운영 항목 5: 운영 조직

시스템을 운영할 때는 사전에 조직을 검토하는 것도 매우 중요합니다. 6.2절에서도 살펴보았지만 시스템은 서비스를 제공하지 않는 시간에도 가동합니다. 일반적으로 시스템은 24시간 체제로 운영됩니다. 하지만 운영 담당자가 24시간 센터에 상주하는 것은 낮에만 운영하는 것에 비해서 인력 비용이 2~3배 소요됩니다. 시스템 특성에 따라 야간 시간에 서비스를 제공하지 않는 시스템일 때는 (항상 대기하지 않고) 담당자와 연락만 되면 문제없다고 요구사항에 정리하기도 합니다. 그러므로 시스템 운영이 시작되기 전에 다음 내용을 어느 정도 합의하면 좋습니다.

- 시스템 운영 조직을 어떻게 구축하면 좋나요?
- 운영 담당자 역할은 어떻게 정리하면 좋나요?

시스템을 운영할 때는 반드시 시스템 운영 조직도를 작성해야 합니다.

▼ 그림 6-19 시스템 운영 조직도

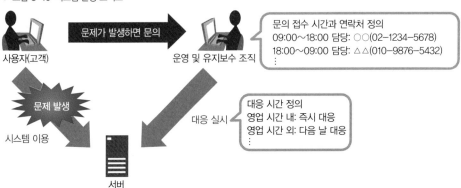

예를 들어 그림 6-19와 모습이 같습니다. 어디에 어떤 담당자가 대기하고, 유사시에 어떤 조치를 취할지 한눈에 알 수 있는 것이 좋습니다. 다음으로 각 운영 담당자가 어떤 역할을 담당하고 있으며, 연락처는 무엇인지 상세한 사항도 정리해 두는 것이 좋습니다. 다만 '개인 정보'가 포함된 자료이므로 개인 정보 보호 관점에서 함부로 공개해서는 안 됩니다. 사용자에게는 대표자(총괄 관리자) 연락처만 공개하고, 대표자가 고객에게 연락받은 내용을 각 담당자에게 알려 주는 등 배려가 필요합니다.

운영 담당자 역할도 정리해야 합니다. 최근에는 일반적으로 한 기업이 여러 업무 시스템을 운영하고 있는데, 각 운영 담당자가 지나치게 특정 시스템 지식에 치우쳐 있어 수평으로 시스템을 운영할 수 없는 일이 종종 발생합니다.

▼ 그림 6-20 운영 담당자 분리

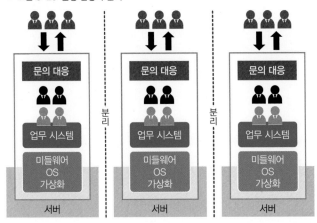

그림 6-20 예에서는 시스템이 세 개 있지만 업무 시스템마다 전용 운영 담당자가 문의에 대응하고 있습니다. 이것은 매우 비효율적이고 운영 조직이 경직되어 있어 유사시 상호 협력하기가 어렵습니다.

그림 6-21과 같이 여러 담당자가 복수의 시스템을 운영할 수 있는 조직을 구축할 수 있도록 사전에 시스템 운영 부서와 조정하는 것이 중요합니다.

▼ 그림 6-21 운영 담당자의 유연한 시스템 관리

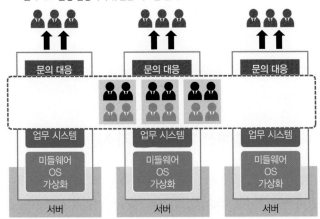

여기까지 시스템 운영을 살펴보았는데, '고장 나지 않는 기계'가 없는 것처럼 '실수하지 않는 사람'도 없습니다. 아무리 숙련된 운영 담당자라도 실수할 수 있습니다. 사람이 만드는 오류를 휴먼 에러(human error)라고 합니다. 휴먼 에러는 단순한 오타부터 운영 절차서를 잘못 읽거나 작업 순서 실수까지 기본적으로 '사람 손'으로 운영할 때 발생합니다. 휴먼 에러를 낮추려면 사람이 직접 하는 작업을 줄이는 것이 가장 좋은 해결 방법입니다. 즉, 정형화된 작업을 '자동화'하여 시스템에 작업을 맡기는 것입니다. 다음 절에서는 시스템을 운영할 때 자동화하면 편리한 항목에 초점을 맞추어 살펴보겠습니다.

6.6 시스템 운영 자동화

시스템을 운영할 때 필요한 모든 작업은 사전에 작업 절차서를 작성하고 그 절차에 따라 운영 담당자가 수행합니다. 어느 정도 정형화된 작업은 도구로 작업할 수 있게 설계하여 개발해 놓으면 시스템 운영 담당자의 부하는 물론 휴먼 에러를 줄이는 데 도움이 됩니다.

시스템에 따라 자동화가 가능한 기능은 다르지만, 대부분의 시스템에서 구현할 수 있는 자동화 기능은 세 가지가 있습니다.

- 각종 솔루션 기동 및 정지 자동화
- 백업 자동화
- 작업 실행 순서 자동화

이런 자동화의 상세한 내용을 실사례와 함께 살펴보겠습니다.

6.6.1 시스템 운영 자동화 예 1: 각종 솔루션 기동 및 정지 자동화

일반적으로 솔루션을 기동 및 정지할 때는 해당 솔루션이 제공하는 명령어나 스크립트를 사용하여 실행합니다. 보통 솔루션을 사용할 때는 이 기능만으로도 특별히 지장은 없습니다. 하지만 솔루션의 기동 명령어를 실행할 때 복수의 옵션이나 인수가 필요하다면 오타로 명령어 실행이 실패하거나 예상치 못한 동작을 할 수 있으므로 주의해야 합니다.

이와 같은 명령어 입력 오류 등을 방지하는 방법은 이렇습니다. 한 서버에서 여러 기동 프로세스(애플리케이션 서버 등)를 작동할 때는 솔루션에서 제공하는 명령어를 그 횟수만큼 실행해야 합니다. 하지만 한 번에 실행하는 자동화 스크립트를 작성하면 한 번 실행으로도 모든 프로세스를 기동할 수 있습니다.

또 운영 관점에서는 해당 명령어를 실행한 후 수행 결과를 판단하여 비정상일 때는 시스템 모니터링 정보를 통지해야 합니다. 솔루션이 제공하는 명령어를 실행할 때는 시스템 모니터링 형식과 일치하지 않을 때가 많아 적절하게 모니터링하지 못하는 경우가 있습니다. 이때는 스크립트에서 오류 메시지를 코드 체계와 연계하여 정의하고, 로그를 출력해서 안정적으로 모니터링할 수 있습니다.

그림 6-22~그림 6-24는 기동 및 정지 자동화 예입니다.

▼ 그림 6-22 기동 및 정지 자동화 예 1(스크립트에 명령어 포함)

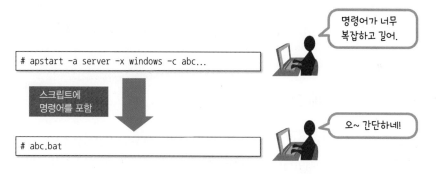

▼ 그림 6-23 기동 및 정지 자동화 예 2(스크립트에 명령어 포함)

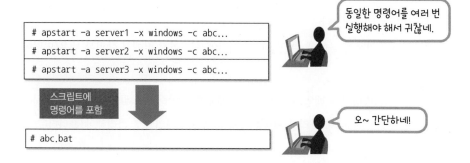

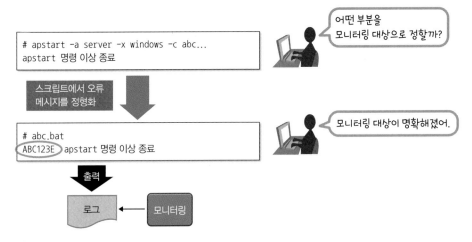
❤ 그림 6-24 기동 및 정지 자동화 예 3(스크립트에서 메시지 정형화)

이외에도 한 서버에 여러 미들웨어가 설치되어 있을 때 기동 및 정지 명령어를 조합하여 명령어를 한 번 실행해서 서버의 모든 미들웨어를 기동 및 정지할 수 있도록 개선할 수도 있습니다.

6.6.2 시스템 운영 자동화 예 2: 백업 자동화

6.3절에서도 살펴보았지만 시스템을 운영할 때 백업은 필수입니다. 대부분의 솔루션에서는 백업 전용 명령어를 제공합니다. 하지만 데이터베이스 내용이나 솔루션 구성 정보처럼 '솔루션 중심의 내용'을 백업하는 명령어를 제공하는 경우가 대부분이며, 로그 파일이나 임시 파일 등은 사용자가 스스로 관리해야 할 때가 많습니다. 또 운영 관점에서 살펴보면 표준으로 사용할 수 있는 명령어 라 하더라도 기능이 부족할 때가 많습니다.

따라서 다음 기능을 자동화하여 구현할 수 있습니다(여기에서는 이전 절에서 살펴본 내용(명령어 의 단순화 등)은 제외합니다).

기본으로 제공되는 백업 명령어는 백업의 세대 관리(5세대로 백업하면 6세대는 삭제하는 등)를 고려하지 않은 것이 많으므로, 세대 관리를 자동화하지 않으면 수작업으로 관리해야 합니다(그림 6-25).

❤ 그림 6-25 백업 자동화 예 1(스크립트를 사용한 세대 관리)

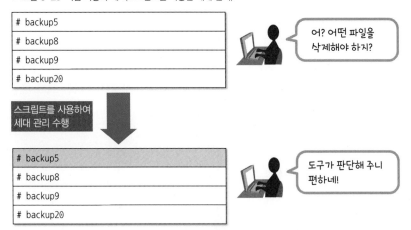

때에 따라서는 백업한 데이터 크기가 상당히 큰 경우도 많아 이 데이터를 여러 세대로 보관하면 백업하는 대상 디스크 용량에 영향을 줄 수 있으므로 파일을 압축하는 등 대응이 필요합니다. 하지만 솔루션에서 백업 명령어를 실행하여 압축 작업까지 지원하는 경우는 거의 없으며, 보통 운영할 때 압축 작업을 수행합니다. 백업과 압축을 동시에 수행하도록 스크립트를 작성하면 운영할 때 명령어 하나만 수행하면 됩니다(그림 6-26).

❤ 그림 6-26 백업 자동화 예 2(스크립트로 파일 압축까지 수행)

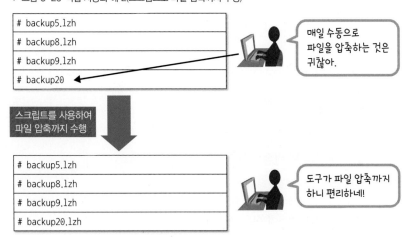

시스템 구성 정보는 현재 설정 정보를 다른 영역에 보관하면 백업이 완료되지만, 로그 파일은 그것만으로는 부족합니다. 로그 파일을 별도 영역에 보관하고 해당 로그 파일을 다음 기준으로 판단해야 합니다.

- 삭제할 것인지

- NULL 클리어[5](0바이트 클리어)할 것인지

- 그대로 둘 것인지

또 앞과 같은 정책은 로그 파일에 따라 다르게 적용될 수 있으므로 유지보수해야 하는 로그 파일 수가 많아지면 더 이상 판단이 어려울 수도 있습니다. 이와 같은 작업을 스크립트로 작성하여 자동화하면 운영 담당자 부하를 줄일 수 있습니다(그림 6-27).

▼ 그림 6-27 백업 자동화 예 3(스크립트를 작성하여 자동화)

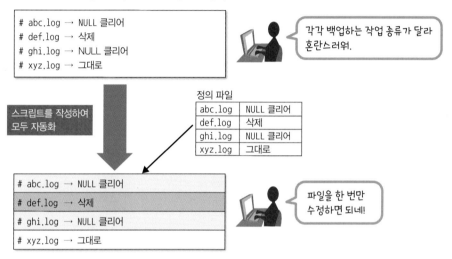

또 백업할 때 자동화한 작업 처리가 실패하는 경우가 많으므로 주의해야 합니다.

- 테이프 장치나 스토리지 고장 등 하드웨어 장애

- 미디어의 장기간 사용으로 성능 감소

- 메모리나 디스크 입출력 등 시스템 리소스 부족

- 애플리케이션에서 인터럽트

앞과 같이 백업은 다른 작업보다 실패 원인이 되는 요소가 훨씬 많습니다.

---

5 역주 '삭제'와는 다른 의미로, 파일은 그대로 두고 내용(데이터)만 삭제하는 것입니다.

예를 들어 드라이브나 미디어 장애 등으로 백업이 중단되면 다시 실행하더라도 동일한 위치에서 비정상적으로 종료되므로 백업에 실패하게 됩니다. 이런 상황에서 시스템 장애로 백업이 수행되지 않는 일이 발생하는 것은 반드시 피해야 합니다.

백업을 수행할 때는 반드시 자동화 기능에 백업 완료를 확인하는 기능을 포함하여 완료 메시지가 출력되지 않으면 운영 담당자에게 연락이 갈 수 있도록 프로세스를 만들어야 합니다.

정기적으로 백업을 수행하지만 실제로는 발생 빈도가 낮은 장애가 발생했을 때만 백업을 이용하곤 합니다. 시스템을 장기간 운영하면 백업 확인도 소홀해질 수밖에 없습니다. 하지만 유사시에 가장 의지할 수 있는 기능이므로 매우 중요한 운영 항목 중 하나입니다.

6.6.3 시스템 운영 자동화 예 3: 작업 실행 순서 자동화

시스템 운영 관점에서 보면, 서버에서는 매일 정기적으로 배치 작업을 여러 개 수행합니다. 일반적으로 개별 처리는 스크립트로 작성하지만, 실행 순서가 자동화되지 않으면 사람이 운영 순서대로 실행해야 하므로 실수로 이어질 수 있습니다.

또 '어떤 작업 처리가 완료되어 있는 것을 전제로 한다'는 전제 조건이 필요한 작업도 있습니다. 예를 들어 작업 A는 특정 위치에 목록 파일을 생성하고, 작업 B는 작업 A에서 생성된 파일을 입력으로 처리하는 경우입니다. 이때도 자동화되지 않았다면 작업 B가 수행되기 전에 작업 A가 완료된(또는 파일이 생성된) 것을 확인한 후 실행해야 하므로 결과적으로는 휴먼 에러로 이어질 수 있습니다.

이런 작업을 자동화하려면 각 작업 처리를 순차적으로 실행하는 부모 스크립트(래퍼 스크립트라고도 함)를 하나 작성하고 래퍼 스크립트를 실행하여 모든 자식 스크립트를 실행하면, 전제 조건 확인이나 실행 순서 제어를 모두 래퍼 스크립트에서 수행할 수 있습니다(그림 6-28).

▼ 그림 6-28 작업 실행 순서 자동화 예 1(스크립트를 사용하여 작업 순서 제어)

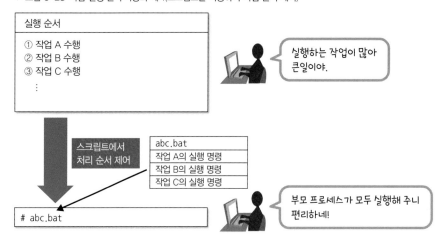

경우에 따라서는 더 복잡한 실행 순서를 제어해야 할 때도 있으므로 스크립트만으로는 대응하기 어렵습니다. 이때는 작업의 예약과 실행 기능을 제공하는 전용 소프트웨어인 잡 스케줄러를 사용하는 것이 효과적입니다(그림 6-29). 최근 잡 스케줄러 소프트웨어는 설정도 간단하고 기능도 다양해졌습니다.

▼ 그림 6-29 작업 실행 순서 자동화 예 2(잡 스케줄러 활용)

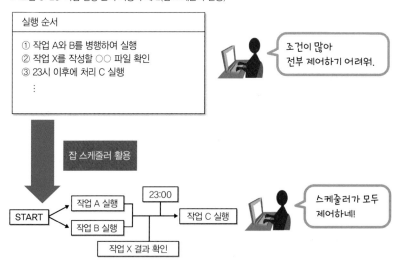

지금까지 시스템을 실제로 가동한 후 '시스템 운영'에 대비한 설계 관점에서 살펴보았습니다. 다음 장에서는 외부에서 부정 접속 방지, 내부자 정보 유출 대책 등 컴퓨터 시스템의 보안 설계를 살펴보겠습니다.

비즈니스 속도가 가속화되면서 예전에 비하여 애플리케이션 개발 사이클에도 민첩성(agility)이 요구되고 있습니다.

특히 신규 서비스를 개발할 때 사업 기획 단계에서 린스타트업(lean startup) 방법론을 많이 적용합니다. 기획에 이어 진행하는 애플리케이션 개발도 일반적으로 속도를 중시하는 애자일 개발 방식을 사용합니다. 동작하는 단위로 재빠르게 개발하여 사용자 반응을 확인하고, 짧은 주기로 서비스를 좀 더 최적의 형태로 완성하는 방식입니다.

좀처럼 기대한 성과가 나오지 않을 때는 시작한 신규 서비스를 포기하고 다른 새로운 서비스로 전환하는 등 비즈니스적인 판단도 요구됩니다. 이런 배경에서 애플리케이션을 제공하는 개발 조직과 운영 조직의 연계를 원활하게 진행하려는 DevOps[6] 방식이 나왔습니다.

인프라가 다양해지면서 애플리케이션의 개발 환경과 방식도 변화하고 있습니다. '테스트 주도 개발을 도입하여 테스트 자동화로 개발 효율을 향상시킨다', 'OSS의 빌드, 배포 도구 등을 적용한 개발 및 운영을 자동화한다' 등 자동화를 도입한 새로운 개발 방식을 구현할 수 있는 환경을 갖추고 있습니다. 이에 관한 자세한 내용은 임프레스 IT Leaders와 일본 OSS 추진 포럼이 발표한 'OSS 조감도'에 잘 정리되어 있습니다(그림 6-30).

또 실제로 시스템을 운영할 때 'IT Automation'이라는 운영 자동화 도구를 활용하여 운영 부하와 사람이 일으키는 운영 실수를 줄이거나 애플리케이션 패키지와 파일 배포 기능을 자동화하는 것이 가능해졌습니다.

운영 조직 담당자도 자신이 사용하는 작업 도구뿐만 아니라 개발 부서가 이용하는 각종 도구에 대해서도 개념을 파악하고 긴밀하게 연동할 수 있도록 검토해야 합니다.

▼ 그림 6-30 OSS 조감도 2019년판[7]

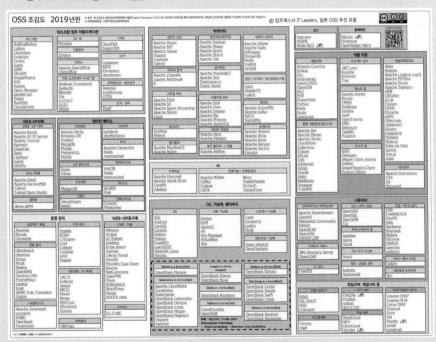

6　개발(development)과 운영(operations)을 합친 신조어로, 개발자와 운영 담당자가 협력하는 개발 방법을 의미합니다.

7　**역주** 한국공개소프트웨어협회(KOSSA)에서 '2019년판 OSS 조감도'를 번역한 자료를 제공합니다.

7^장

보안 설계 이론

'보안'에는 안전, 방어, 보호, 치안, 안심, 안전 등 다양한 의미가 내포되어 있지만, IT에서 보안 위협은 '정보 유출', '데이터 변조 및 파괴', '업무 서비스 정지' 세 가지를 들 수 있습니다.

기업이 보유한 정보 자산에는 '정보의 기밀성', '정보의 무결성', '정보의 가용성'이라는 특성이 요구되며, 이 세 가지 특성을 지키는 것이 중요합니다.

'정보 유출'은 고객이나 직원의 개인 정보나 기업 경영 정보 등 기밀성이 높은 정보를 제삼자에게 유출하여 사생활 침해나 개인 정보 및 기밀 정보를 악용한 부정 행위를 하는 것을 의미합니다. 따라서 '정보의 기밀성'을 위협할 수 있습니다.

'데이터 변조 및 파괴'는 웹 사이트 변조나 조직 내 인원이 가진 권한 범위를 넘는 데이터 유출로 기업 브랜드 신용을 떨어뜨리거나 업무 수행을 방해하는 것을 의미합니다. 따라서 '정보의 무결성'을 위협할 가능성이 있습니다.

'업무 서비스 정지'는 인터넷에 공개된 서버에 처리 능력을 초과하는 요청을 대량으로 전송(DoS 공격)하여 과부하를 주어서 정상적인 업무 서비스를 할 수 없게 하는 것을 의미합니다. 따라서 '정보의 가용성'을 위협할 수 있습니다.

이런 위협은 기업에 미치는 피해가 크며 최근 자주 발생합니다. 여기에서 살펴보는 대책을 복합적으로 조합하여 '정보의 기밀성', '정보의 무결성', '정보의 가용성'을 지킬 수 있도록 합시다.

예를 들어 사무실 환경에서는 그림 7-1과 같은 보안 대책을 세울 수 있습니다.

▼ 그림 7-1 사무실에서 복합적인 보안 대책

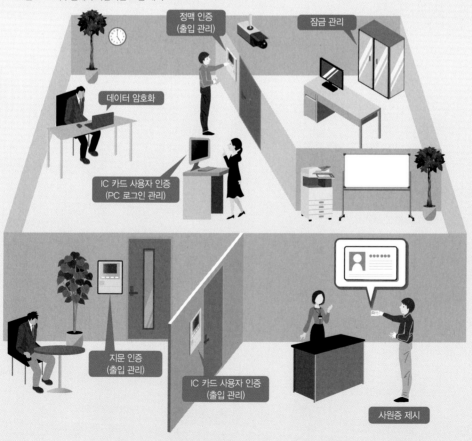

7.1 정보 기술(IT) 보안 대책

정보 기술(IT) 보안 대책에서 보안 요구사항과 예상되는 위협을 정리하면 표 7-1과 같습니다.

▼ 표 7-1 보안 요구사항과 예상되는 위협

No	보안 요구사항	예상되는 위협
①	식별과 인증	누군가가 다른 사람으로 위장하여 거래 실행 및 도용
②	암호화	• 부정 열람으로 정보 유출 • 외부에 반출할 때 분실하거나 도난으로 정보 유출 • 외부 네트워크에 기밀성이 높은 데이터를 전송할 때 통신 경로 도청으로 정보 유출
③	통신 제어	• 외부에서 부정 침입하여 시스템 파괴 및 데이터 유출 • 대량의 접속 요청으로 DoS 공격
④	모니터링 및 감사	• 정보 시스템에서 부정 행위 • 침입자가 부정으로 접속
⑤	보안 리스크 관리	시스템 내부의 숨은 결함(버그)이나 네트워크에서 적절한 방어 결여, 미비로 입은 피해, 손해 배상 부담, 신용 실추, 기회 손실
⑥	멀웨어 대책	• 바이러스, 웜 등의 감염으로 예상치 못한 정보 유출 • 서버 정보를 변조하여 일반 사용자에게 공격을 가하는 스푸핑 피해

이런 보안 요구사항을 다음 절부터 상세하게 살펴보겠습니다.

7.2 식별과 인증

여기에서는 '식별'과 '인증'이 무엇인지 살펴보겠습니다.

식별(identification)은 한 개인이 누구인지를 고유하게 식별할 수 있는 정보입니다.

식별에 사용하는 정보로 사용자 이름이나 ID, 이메일 주소, IC 카드, 신용 카드 사용자의 특정 정보 등이 있습니다.

인증(authentication)은 식별에 사용된 정보를 바탕으로 사용자 본인임을 증명하는 것입니다. 인증에 사용하는 정보로 비밀번호, 인증 카드, 생체 정보(지문, 홍채 등 바이오메트릭스 정보) 등이 있습니다.

'식별과 인증'에 관련한 보안 위협으로는 '스푸핑(spoofing)'이 있습니다. 그림 7-2와 같이 사용자가 개인 비밀번호를 생일처럼 간단하게 설정하면 악의를 가진 제삼자가 비밀번호 정보를 예측하여 이용할 수 있습니다. 이처럼 제삼자가 해당 사용자를 사칭하여 다른 사람을 속이는 것이 '스푸핑'입니다. 사용자 ID가 '이용'되어 결과적으로 자기 의지와 관계없이 제삼자에게 피해를 줄 수 있습니다.

'식별과 인증'에서는 그림 7-2와 같이 누군가가 타인으로 위장하여 피해를 주는 위협이 있을 수 있습니다.

그림 7-2에서는 탈취한 사용자 ID를 악용하여 스팸 메일을 보낸 것뿐이므로 큰 피해는 발생하지 않았습니다. 하지만 현금 카드의 비밀번호를 악용하여 예금을 모두 인출하거나 직장에서 사용하는 PC의 ID와 비밀번호를 악용하여 보관하던 중요한 문서나 데이터를 삭제하거나 외부로 유출하는 경우에는 막대한 피해를 줄 수 있습니다.

❤ 그림 7-2 비밀번호를 도용한 스푸핑 예

'식별과 인증' 위협에 대한 보안 대책으로 다음 항목을 검토해야 합니다.

(1) 사용자 ID 관리

(2) 비밀번호 관리

(3) 인증

(4) 인증서

(1)~(3)은 7.2.1절에서 살펴보고, (4)는 7.2.2절에서 살펴보겠습니다.

7.2.1 '식별과 인증' 보안 대책 1: 사용자 ID 및 비밀번호 관리, 인증

1. 사용자 ID 관리

사용자 ID 관리에서 스푸핑에 의한 부정 사용을 방지하려면 부서 이동이나 퇴직 등으로 사용하지 않는 사용자 ID는 즉시 삭제하거나 비활성화하는 운영 규칙이 필요합니다. 불필요한 사용자 ID가 남아 있다면 이를 관리할 사람(해당 ID 사용자)이 없어 올바르지 않게 사용될 가능성이 높아집니다. 따라서 불필요한 사용자 ID를 비활성화하거나 삭제하면 타인이 명의 도용하는 것을 방지할 수 있습니다. 사용자 ID를 악용한 스푸핑 대책 예는 그림 7-3과 같습니다.

❤ 그림 7-3 사용자 ID를 악용한 스푸핑 대책

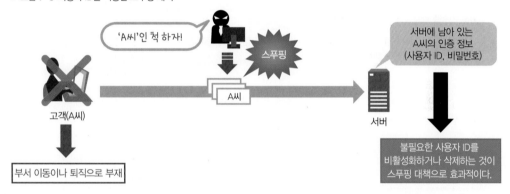

한편 사용자가 시스템을 사용하는 동안에도 스푸핑 위험은 존재합니다. 이때는 다음 규칙을 적용하여 스푸핑으로 기밀 정보가 유출되는 피해를 최대한 줄일 수 있습니다.

- 비밀번호 입력을 여러 번 실패하면 일정 시간 동안 인증되지 않도록 잠급니다.
- 사용자 ID에 적절한 권한을 할당하여 접속할 수 있는 범위를 제한합니다.

2. 비밀번호 관리

비밀번호를 관리할 때는 최소한 다음 운영 규칙을 적용해야 합니다.

- 비밀번호를 정기적으로 변경합니다.
- 관리자가 설정한 초기 비밀번호는 최초 로그인 후 바로 변경합니다.

다음과 같은 비밀번호 변경 정책을 정해 두면 사용자가 비밀번호를 변경할 때 도용하기가 어려워지므로 스푸핑 대책으로도 효과적입니다.

- 비밀번호 복잡도(사전에 실려 있지 않은 단어와 알파벳, 숫자를 포함하여 일정 길이 이상의 문자열 사용)를 유지합니다.
- 과거에 사용했던 비밀번호를 일정 횟수 동안 사용하지 못하게 이력을 관리합니다.

3. 인증

인증에서는 사용자 명의를 제삼자가 도용한 것이 아니라 본인임을 시스템에서 어떻게 보장할지 검토해야 합니다.

인증 방식은 다양합니다. 각 인증 방식의 특징을 표 7-2에 정리했습니다.

▼ 표 7-2 인증 방식과 특징

No	인증 방식	특징	비고
①	ID/비밀번호 인증	사용자 ID와 비밀번호를 결합한 인증이다.	다음 조합이 가능하다. • IP 주소 제한 • 인증서 사용
②	바이오메트릭스 인증	• 얼굴, 지문, 정맥, 망막, 홍채 등 생체를 이용한 인증이다. • 인증 정확도가 100%는 아니다.	추가 장치가 필요하다.
③	일회용 비밀번호	• 비밀번호를 즉시 생성하여 인증한다. • 비밀번호를 재사용할 수 없다.	전용 장치 또는 소프트웨어가 필요하다.

① ID/비밀번호 인증

ID/비밀번호 인증은 사용자 ID와 비밀번호를 조합하는 인증 방식입니다. 최근에는 사용자 ID를 사용할 수 있는 단말기의 IP 주소를 제한하고 인증서를 결합하여 더욱 스푸핑하기 어렵게 만드는 좀 더 안전한 방법도 사용합니다.

② 바이오메트릭스 인증[1]

바이오메트릭스 인증은 사용자가 임의로 결정하는 정보를 이용하는 것이 아니라 생체가 가진 얼굴, 지문, 정맥, 망막, 홍채 등을 인증 정보로 사용하는 방식입니다. 생체가 가진 각종 정보를 이용하므로 비밀번호 인증에 비하여 스푸핑이 현저하게 어렵습니다.

---

1 역주 사람의 신체적·행동적 특징을 자동화된 장치로 추출하고 분석하여 정확하게 개인의 신원을 확인하는 기술로 생체 인증, 생체 인식이라고도 합니다.

많이 사용하는 실제 사례로 지문 인식이 있으며, iPhone 6 이상에 탑재된 'Touch ID' 등에서 사용합니다. 인증 정확도를 높이려면 지문 정보를 사전에 여러 개 등록해야 합니다. 이렇게 등록한 지문으로 인증하여 화면 잠금을 해제하는 것이 바이오메트릭스 인증의 실제 사례입니다. 바이오메트릭스 인증은 비밀번호 인증보다 훨씬 견고하지만, 실제로 사용하려면 별도의 장치가 필요하므로 도입할 때 비용이 발생합니다. 또 인증 정확도가 100%인 완벽한 인증 방식이라고는 할 수 없으므로 인증 오류가 발생할 가능성도 있습니다. 도입할 때 이런 도입 비용이나 대응 비용도 고려하여 검토해야 합니다.

③ 일회용 비밀번호

일회용 비밀번호는 한 번만 사용할 수 있는 비밀번호입니다. 전용 장치나 소프트웨어로 사용 가능한 비밀번호를 그 자리에서 생성하고 사용자가 매번 해당 비밀번호로 인증하는 방식입니다. 생성된 비밀번호는 1회만 사용할 수 있으므로 비밀번호가 유출되어도 사용할 수 없습니다. 따라서 비밀번호를 도용해도 악용할 수 없습니다.

하지만 이 방식도 바이오메트릭스 인증과 마찬가지로 비밀번호를 생성하는 장치가 필요하므로 도입할 때 비용이 발생합니다. 또 비밀번호 발급 방식에 따라 비밀번호 수신 장치를 개인이 소지해야 하며, 이 수신 장치를 분실할 수 있는 리스크도 존재합니다.

인증 방식은 어떤 인증 방식이 좋을지 이용 용도, 기밀성의 중요도, 운영 관리 측면, 설치 비용 등 종합적인 관점에서 환경에 맞게 검토하는 것이 좋습니다.

---

column ☰ 이중 인증[2]

2017년 3월 경찰청이 발표한 자료[3]에 따르면 2016년에 발생한 사이버 범죄에서 부정 접속으로 인지한 건수가 1840건, 부정 접속 후 행동으로는 '인터넷 뱅킹 부정 송금'이 1305건으로 가장 많았습니다. 또 부정 송금 사건의 발생 건수는 1291건으로 피해 금액은 약 168억 7000만 원에 이릅니다.

부정 접속 수법으로는 '사용자의 비밀번호 관리 허술함을 노리는 수법'이 244건으로 가장 많았습니다.

이런 보안 위협으로 사용자 인증에 대한 중요성은 더욱 커지고 있습니다. 이중 인증(two-factor authentication)은 시스템에 접근하는 사용자 인증에 두 가지 요소(factor)를 이용하여 보안 강도를 높인 인증 방식입니다.

예를 들어 일반적으로 비밀번호 인증 + 일회용 비밀번호(하드웨어 토큰, 소프트웨어 토큰, 이메일 전송 방식 등), 비밀번호 인증 + 생체 인증(지문, 정맥, 홍채, 얼굴, 목소리 인증 등) 등을 사용하며, 일회용 비밀번호 + 생체 인증이라는 조합도 생각할 수 있습니다.

➊ 계속

---

2 역주 2단계 인증, 2요소 인증이라고도 합니다.

3 출처: '2016년의 사이버 공간을 둘러싼 위협 및 정세에 대해' 홍보 자료, 일본 경찰청

즉, 다음 세 가지 요소를 조합하여 인증을 견고하게 만드는 것이 목표입니다.

- 사용자만 알고 있는 정보(비밀번호, 부모 이름, 반려동물 이름 등)
- 사용자만 갖는 정보(카드, 번호, 일회용 비밀번호)
- 사용자 자신임을 증명하는 정보(지문, 정맥, 행동 패턴)

이에 더하여 최근에는 PC에서 로그인할 때 스마트폰에 비밀번호를 전송하여 입력하는 방식의 이중 인증 방법도 사용합니다.

인증 기술도 나날이 발전하고 있으므로 보안 요구사항과 예산에 따라 검토 시점에 최적화된 조합을 선택하는 것이 중요합니다.

7.2.2 '식별과 인증' 보안 대책 2: 인증서

현실 세계에서 운전면허증이나 여권 등으로 개인을 증명할 수 있듯이, 컴퓨터 세계에서도 서버나 클라이언트 존재를 증명하는 등 '자신이 유일한 존재임을 나타내는 인증서[4]'가 있습니다.

인증서는 인증서의 소유자, 발행자, 기간 등이 기재되어 있으며, 암호화 기술을 기반으로 암호화되어 있어 위조가 거의 불가능합니다. 악의적으로 제삼자에게 ID와 비밀번호를 유출하더라도 인증서를 사용하면 피해를 막을 수 있습니다.

스푸핑 일종인 피싱(phishing)은 은행이나 쇼핑몰 사이트 등으로 가장하여 이메일이나 개인 정보, 신용 카드 번호 등을 부정하게 알아내 이용하는 사기 수법입니다. 피싱 예는 그림 7-4와 같습니다.

▼ 그림 7-4 피싱 예

---

4   역주 인증서에는 사용자를 증명하는 공인 인증서, 웹 사이트를 증명하는 SSL 보안 서버 인증서(SSL 인증서), 디바이스를 증명하는 디바이스 인증서 등이 있습니다.

인증서[5]는 '이 웹 사이트는 실제로 ○○회사가 운영하고 있으며 올바른 URL은 □□□이다'는 것을 증명합니다. 보통 SSL 인증서라고 하는 서버 인증서(제3기관이 발급한 인증서)를 이용하여 실제 웹 사이트라는 것을 증명할 수 있으며, 위장 웹 사이트도 확인할 수 있습니다. 서버 인증서를 이용한 피싱 대책 예는 그림 7-5와 같습니다.

▼ 그림 7-5 서버 인증서를 이용한 피싱 대책

또 위조가 쉽고 스푸핑이 쉬운 것으로 이메일이 있습니다.

이메일은 전자서명(digital signature)이라고 하는 인증 방식을 이용하여 스푸핑 대책을 세울 수 있습니다. 전자서명은 고속 연산 처리를 하는 최신의 고성능 컴퓨터를 사용해도 인간 수명보다 긴 천문학적 기간이 걸리므로 사실상 위조가 불가능합니다.

전자서명과 인증서를 사용하면 악의적으로 제삼자가 위장하여 전송한 것인지 구분할 수 있습니다. 송신자가 전자서명을 수행하고 보낸 사람의 인증서를 포함하여 상대방에게 이메일을 보냅니다. 이메일을 받은 사람은 이메일에 포함된 서명과 받은 인증서를 이용하여 발신인이 올바른지 확인할 수 있습니다. 이와 같은 인증 방식을 이용하여 서명되지 않은 것은 위장 가능성이 있다고 판단할 수 있습니다. 전자서명된 이메일을 이용한 피싱 방지 대책 예는 그림 7-6과 같습니다.

---

5 역주 여기에서 의미하는 인증서는 웹 사이트를 증명하는 SSL 보안 서버 인증서(SSL 인증서)입니다.

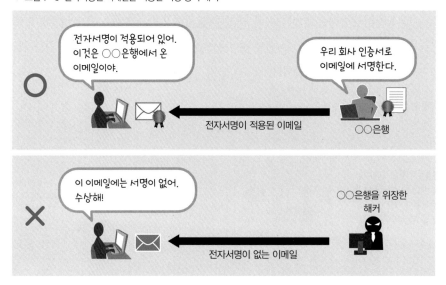

이외의 인증서로는 발신자가 본인임을 증명하는 클라이언트 인증서가 있습니다. 클라이언트 인증서를 도입하면 ID/비밀번호 인증 외에 클라이언트 인증서를 이용한 단말기 인증도 추가하여 사용자 단말기에서만 접근할 수 있도록 제어하고 스푸핑 피해도 막을 수 있습니다.

예를 들어 재택 근무나 업무 출장 등으로 회사 외부에서 사내에 접속할 때 개인 단말기에 클라이언트 인증서를 도입하여 해당 단말기에서만 시스템에 접속하도록 할 수 있습니다. 그리고 클라이언트 인증서가 설치되지 않은 단말기에서는 동일한 ID와 비밀번호로 시스템에 접속할 수 없게 하는 등 제어를 서버에서 수행할 수 있습니다. 이 방식을 도입하면 사용자 ID와 비밀번호를 제삼자가 도용하더라도 클라이언트 인증서가 설치된 개인 단말기에서만 접속할 수 있어 악의적인 제삼자 접속을 제한하여 정보 유출 영향을 최소화할 수 있습니다.

클라이언트 인증서를 이용할 때와 이용하지 않을 때를 비교한 예는 그림 7-7과 같습니다.

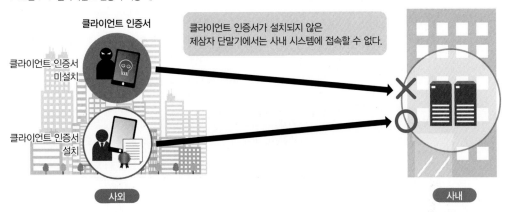

클라이언트 인증서

클라이언트 인증서가 설치되지 않은
제삼자 단말기에서는 사내 시스템에 접속할 수 없다.

클라이언트 인증서
미설치

클라이언트 인증서
설치

사외

사내

지금까지 식별과 인증 위협에 대한 보안 대책의 다양한 예를 살펴보았습니다. 인증이나 인증서를
도입하면 안전성과 사용자 편리성이 트레이드 오프(trade-off) 관계에 있다는 점을 잊어서는 안 됩
니다. 이를 도입할 때는 기밀 정보를 보호해야 하는 입장과 사용자 입장을 각각 어디까지 허용할
것인지 환경에 맞게 검토해야 합니다.

7.3 암호화

이 절에서는 '암호화' 위협에 대한 보안 대책을 살펴봅니다.

'암호화' 관련해서 예상되는 위협은 다음과 같습니다.

- 부정 열람으로 정보 유출
- 사외로 반출할 때 분실하거나 도난으로 정보 유출
- 외부 네트워크로 데이터를 전송할 때 통신 경로 도청으로 정보 유출

이런 위협에 대한 보안 대책은 표 7-3과 같습니다.

▼ 표 7-3 암호화에 예상되는 위협에 대한 대책

No	대책 항목	암호화 대상	예상되는 위협
①	PC 대책	기밀 데이터	• 부정 열람으로 정보 유출 • 외부로 반출할 때 분실하거나 도난으로 정보 유출
②	네트워크 대책	통신 경로	외부 네트워크로 데이터를 전송할 때 통신 경로 도청으로 정보 유출
③	서버 대책	• 기밀 데이터 • 비밀번호 파일	• 부정 열람으로 정보 유출 • 외부로 반출할 때 분실하거나 도난으로 정보 유출
④	사람 및 규칙에 대한 내부 대책	외부 저장 장치	외부로 반출할 때 분실하거나 도난으로 정보 유출

이런 위협에 대해 사용자 편의성과 균형을 바탕으로 어디까지 보안 대책을 마련해야 하는지 결론을 내리는 것이 중요합니다.

7.3.1 암호화 대책 1: PC 대책

PC는 일상 업무에서 자주 사용하는 기기입니다.

일반적으로 PC의 설치 장소, PC 고유 사양, 시스템에서 PC의 역할까지 시스템 설계 대상으로 보는 경향이 있지만, 보안 설계에서는 상대적으로 애매할 때가 많습니다. 따라서 표 7-4의 각 항목을 검토하여 피해를 최소화하길 바랍니다.

▼ 표 7-4 PC에서 암호화 대책

No	대책 항목	대책 내용
①	부정 열람에 대한 대책	부정 열람으로 정보가 유출되지 않도록 어떤 대책을 세울 것인가?
②	사외 반출에 대한 대책	외부에 PC를 반출했을 때 분실이나 도난당한 경우에도 정보가 유출되지 않도록 어떤 대책을 세울 것인가?
③	이메일에 대한 대책	도청, 스푸핑, 변조 등이 발생하기 쉬운 이메일에는 어떤 대책을 세울 것인가?

1. 부정 열람에 대한 대책

먼저 부정 열람으로 정보가 유출되지 않도록 하는 대책을 생각해 보겠습니다. PC에 보관된 기밀 데이터가 부정 열람되지 않게 하려면 PC 등에 중요한 데이터를 보관하지 않도록 운영 규칙을 정하는 것이 기본 대책입니다.

하지만 이것은 어디까지나 '규칙'일 뿐이며, 현실적으로 기밀 데이터가 보관되어 있는지 일일이 확인하는 것은 매우 어렵습니다. 인사 이동이나 신입 사원의 입사 등 개인이 규칙을 파악하지 못한 경우도 발생할 수 있습니다.

따라서 부정 열람을 하지 않는다는 기본적인 운영 규칙이 지켜지지 않더라도 가능한 제삼자가 기밀 데이터를 열람하는 것을 방지하고 악용하지 않게 하려면 어떻게 하는 것이 좋을지 검토해야 합니다. 예를 들어 PC에 기밀 데이터가 보관된 채로 남아 있었다고 해도 본인 이외에 볼 수 없도록 데이터를 암호화하면 제삼자가 부정 열람을 하지 못하게 하는 데 효과적입니다. 본인 이외 제삼자가 PC에 침입하여 정보를 조회하거나 외부의 사이버 공격으로 파일이 유출되더라도 파일을 암호화하였다면 부정 열람을 방지할 수 있습니다.

기밀 데이터를 암호화하여 정보 유출을 방지하는 대책 예는 그림 7-8과 같습니다.

▼ 그림 7-8 기밀 데이터 암호화로 발생한 정보 유출 방지 대책

모든 데이터가 암호화되어 있어 정보가 유출될 걱정이 없다.

2. 사외 반출에 대한 대책

다음으로 회사 외부로 PC를 반출했을 때 분실이나 도난당한 경우를 살펴보겠습니다.

영업 사원처럼 외출이 많은 사람이나 불특정 장소에서 일하는 사람은 노트북을 회사 외부에서 사용할 때가 많습니다. 흔히 있는 분실 사례로 '회식을 하고 귀가하는 길에 지하철 선반에 PC가 든 가방을 두고 내렸다', '만취해서 가방을 어딘가에서 잃어버렸다' 등이 있습니다.

분실이나 도난 등에 대한 위험을 방지하는 방법으로 PC의 하드 디스크 전체를 암호화하거나 드라이브에 락을 거는 대책 등을 조직 규칙으로 정하면 PC를 분실하더라도 제삼자에게 유출될 위험을 피할 수 있습니다.

또 암호화는 아니지만 분실이나 도난으로 발생하는 피해를 방지하고자 신 클라이언트(thin client) 방식을 도입하는 사례도 있습니다. 일반 PC에서는 화면 조회, 입력, 프로그램 실행, 저장을 동일하게 처리하지만, 신 클라이언트는 프로그램 실행, 데이터 저장 등을 클라이언트 PC에서 분리하

여 화면 조회, 입력 기능만으로 제한합니다. 프로그램 실행이나 데이터 저장은 원격지에 있는 서버에서 처리합니다. 따라서 반출한 PC에는 어떤 데이터도 저장되어 있지 않아 PC를 분실하거나 도난당해도 정보가 유출되지 않습니다. 신 클라이언트 방식에 의한 정보 유출 대책 예는 그림 7-9와 같습니다.

▼ 그림 7-9 신 클라이언트 방식에 의한 정보 유출

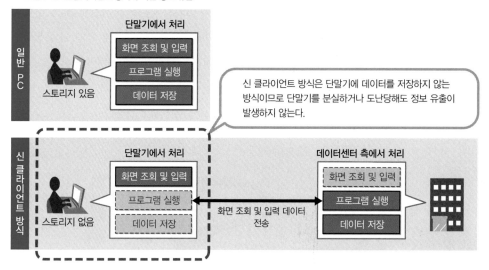

3. 이메일에 대한 대책

마지막으로 도청, 스푸핑, 변조 등이 발생하기 쉬운 이메일을 살펴보겠습니다.

이메일을 송수신할 때는 SMTP(Simple Mail Transfer Protocol)와 POP(Post Office Protocol)라는 프로토콜을 이용하는데, SMTP는 웹 사이트에서 사용되는 HTTP 프로토콜과 마찬가지로 메시지가 평문 그대로 송수신되므로 도청, 스푸핑, 변조 등이 발생하기 쉽습니다.

도청, 스푸핑, 변조 등을 방지하고자 S/MIME(Secure/Multipurpose Internet Mail Extensions)라는 메일 시스템에서 이메일의 암호화와 전자서명을 이용하여 인증하는 표준 사양이 개발되었습니다. 이외에도 오픈 소스로 PGP(Pretty Good Privacy) 프로그램이 있습니다. S/MIME는 조직적으로 도입하기에 적합하며, 사용하려면 인증 기관에서 발급한 인증서가 필요합니다. PGP는 사용자 간에 키를 생성하고 교환하므로 소규모 조직에서 도입하기에 적합합니다.

S/MIME와 PGP는 이메일에 특화된 표준 사양으로 이메일 본문을 암호화하여 도청을 방지합니다. 또 전자서명을 적용하여 스푸핑이나 변조를 막을 수 있습니다. 이메일에 대한 보안 대책 항목, 대응 방안, 효과를 표 7-5에 정리했습니다. 전자서명과 암호화 예는 그림 7-10과 같습니다.

▼ 표 7-5 이메일의 보안 리스크 대책

No	대책 항목	대응책	효과
①	도청 방지	이메일 본문을 암호화	메시지를 암호화하여 도청당해도 이메일 내용을 읽을 수 없다.
②	스푸핑 방지	전자서명으로 신원 보증	전자서명을 하여 제삼자가 보낸 사람을 속일 수 없다.
③	변조 감지	• 이메일 본문 암호화 • 전자서명으로 신원 보증	제삼자가 내용을 볼 수도 없고, 보낸 사람을 속일 수도 없다.

▼ 그림 7-10 전자서명과 암호화

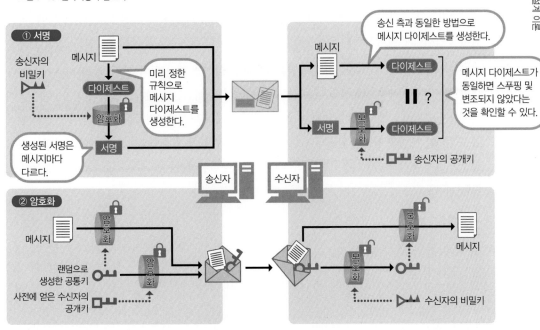

S/MIME를 사용할 때 주의할 점은 송신자와 수신자 모두 S/MIME를 지원하는 메일 프로그램을 사용해야 한다는 것입니다. S/MIME를 지원하는 메일 프로그램은 마이크로소프트(Microsoft)의 아웃룩(Outlook), 윈도 라이브 메일(Windows Live Mail), OSS(Open Source Software)인 썬더버드(Thunderbird) 등이 있습니다.

또 S/MIME 등으로 암호화된 이메일은 바이러스 검사 소프트웨어(antivirus software)를 사용하여 바이러스를 검출할 수 없습니다. 바이러스 검사 소프트웨어는 암호화된 이메일을 해독할 수 없기 때문입니다. 설계할 때 이 점도 주의해야 합니다.

7.3.2 암호화 대책 2: 네트워크 대책

네트워크의 암호화 대책으로는 외부 네트워크에 기밀성이 높은 데이터를 전송할 때 통신 경로에서 도청을 방지하여 정보가 유출되지 않게 하는 방안을 검토해야 합니다.

1. VPN

지금까지는 '전용선'이라는 사용자별로 전용 네트워크를 확보할 수 있는 방법을 이용하여 좀 더 간단하고 안전하게 여러 네트워크에 접속할 수 있는 안전한 네트워크 통신을 구현할 수 있었습니다.

하지만 전용선은 용어 그대로 사용자 전용 회선이므로 연결 대상과 거리가 멀수록 비용이 늘어나 멀리 떨어진 지점에서 전용선을 이용하면 비용이 매우 높아지는 문제가 있었습니다. 이 문제를 해결하고자 안전성은 떨어지지만 비용을 낮출 수 있는 네트워크(인터넷 등)를 사용하여 안전한 통신을 구현하는 방법을 검토해 왔습니다. 그 결과 통신 데이터를 암호화하여 전용선으로 연결한 것처럼 안전하게 통신하면서 전용선보다 적은 비용으로 구현한 VPN(Virtual Private Network) 방식이 등장했습니다.

VPN에는 다음 방식이 있습니다.

(1) IP-VPN(IP Virtual Private Network)

(2) Internet VPN(Internet Virtual Private Network)

- SSL-VPN(Secure Sockets Layer Virtual Private Network)
- IPSec-VPN(IP Security Architecture Virtual Private Network)

표 7-6에 전용선과 각 VPN 방식의 특징을 정리했습니다. VPN 방식에 따라 각각 특징이 다르므로 시스템에 맞게 선택하는 것이 중요합니다.

No	구분		특징	안전성
①	전용선		물리적인 전용 회선을 사용하여 네트워크 거점을 연결 • 연결 대상의 물리적 거리에 따라 요금이 부과되므로 거리가 멀수록 비용이 높아진다.	정보 유출 및 해킹 등 위험이 없다.
②	IP-VPN		통신 사업자가 독자적으로 가지고 있는 폐쇄망을 이용한 사설 네트워크 • 비용이 높다. • 통신 속도가 떨어지기 쉽다.	폐쇄된 네트워크를 사용하므로 도청 및 변조의 위험이 적다.
③	Internet VPN		인터넷 회선을 이용한 가상 사설 네트워크 • 비용이 낮다. • 통신 속도가 떨어지기 쉽다.	다른 인터넷 사용자와 공유하므로 도청 및 변조의 위험이 다소 있다.
④		SSL-VPN	SSL을 이용할 수 있으면 사용 가능 • 이용하기 쉽다(웹 브라우저나 그룹웨어에서 사용 가능). • 이용 범위가 넓다(PC, 스마트폰, 태블릿, PDA 등에서 이용 가능). • 설치 비용이 저렴하다. • 특별한 설정이 불필요하다.	네트워크 통신이 암호화되므로 도청을 방지할 수 있다. 그러나 PC방이나 공용 PC 등 불특정 다수의 PC에서도 SSL을 사용하여 접속할 수 있으므로, 조회할 수 있는 정보를 제한하고 인증 메커니즘을 검토하지 않으면 본인 이외의 사람이 접속할 가능성이 있다.
⑤		IPSec-VPN	모든 통신을 자동으로 암호화 • 본점과 지점 등 정해진 거점 간 통신이 많은 곳에 적합하다. • SSL-VPN에 비하여 도입 비용이 높다. • 이용 범위가 좁다. • 통신 속도가 비교적 빠르다. • 전용 소프트웨어가 필요하다.	모든 통신을 자동으로 암호화하며, 발신자와 수신자가 한정되므로 도청하거나 변조하기 어렵다.

2. 무선랜

다음으로 무선랜(Wireless LAN)을 살펴보겠습니다.

최근에는 무선랜 전반을 Wi-Fi(Wireless Fidelity)라고 하는데, 공공 무선랜의 확대 사업도 진행되어 역, 공항 등 공공장소에서도 무선랜을 사용할 수 있게 되었습니다.

무선랜은 2.4GHz 대역과 5GHz 대역 등 무선 허가가 필요 없는 전파 대역을 사용하여 데이터를 교환하는 기술입니다. 무선랜은 전파만 수신할 수 있으면 어디서나 감청할 수 있어 유선랜에 비해서 안전성이 떨어진다는 특징이 있습니다.

무선랜은 무선 액세스 포인트(Wireless Access Point, WAP)와 무선 클라이언트(PC나 스마트폰 등)로 구성됩니다. 무선 액세스 포인트와 무선 클라이언트 사이 통신 경로는 케이블 대신 무선 주파수를 사용하므로 도청될 위험성이 높습니다. 따라서 무선랜을 사용할 때는 암호화 방식에 대한 검토가 필요합니다.

무선랜에서는 주로 다음 세 가지 암호화 방식을 사용합니다.

- WEP(Wired Equivalent Privacy)
- WPA(Wi-Fi Protected Access)
- WPA2(Wi-Fi Protected Access 2)

현재 단계에서 암호화 강도가 가장 높고 속도도 빠른 무선랜의 암호화 방식을 선택한다면 WPA2를 사용하는 것이 적합합니다. 하지만 사용자 기기 환경에 따라 WPA2를 지원하지 않을 수도 있습니다. 이때 액세스 포인트에 WPA2 외에 WPA도 사용할 수 있도록 설정하여 사용자 편리성과 안전성을 확보할 수 있도록 검토해야 합니다. 무선랜에서 설정하는 암호화 방식은 표 7-7과 같습니다.

▼ 표 7-7 무선랜으로 설정하는 암호화 방식

No	구분	암호화 방식	암호화 강도	암호화 방식 설명
①	WEP	WEP	×	❶ 무선랜에 처음으로 등장한 암호화 방식이며, 키 데이터의 생성 방법이 간단하고 분석이 쉬워 몇 분 안에 해독된다. ❷ 암호를 변경하지 않는 한 동일한 키를 계속 사용한다. ❸ 통신 데이터의 변조를 감지할 수 없다. ❹ 통신 속도가 느려지지 않지만, WPA2보다 통신 속도가 느리다.
②	WPA	WPA-PSK(TRIP) WPA-PSK(AES)	△ ○	❶ WEP 방식 ❶~❸의 단점을 개선한 암호화 방식이다. 암호화 기술은 WEP와 동일하지만, 암호를 해독하는 도구를 이용하더라도 암호를 해독하는 데 몇 주에서 몇 달이 걸린다. ❷ 통신 데이터의 변조 감지가 가능하다. ❸ 통신 속도가 떨어질 수 있다.
③	WPA2	WPA2-PSK(AES)	◎	❶ WEP와 WPA 단점을 모두 해결한 암호화 방식이다. 강력한 암호화 방식을 적용하며, 현재(집필 당시 2018년) 해독 방법은 존재하지 않는다. ❷ 통신 속도가 떨어지지 않는다.

또 무선랜의 액세스 포인트를 설정할 때도 보안 대책을 검토해야 합니다. 보안 대책을 세우지 못한 경우 발생하는 위험성과 그에 따른 대책 내용 및 효과를 표 7-8에 정리했습니다.

▼ 표 7-8 무선랜의 액세스 포인트에서 검토해야 하는 보안 대책

No	대책 항목	위험성	대책 내용	효과
①	액세스 포인트의 암호화 방식	액세스 포인트에서 암호화 설정을 하지 않으면 전파가 닿는 곳에서 모르는 사이에 통신 내용을 도청하거나 악용될 위험이 있다.	• WPA나 WPA2를 사용하여 암호화를 설정한다. • 비밀번호는 긴 임의 값으로 설정한다.	• 기기와 액세스 포인트 간 통신을 강력한 암호화 방식으로 암호화하므로 도청을 막을 수 있다. • 복잡한 비밀번호를 사용하여 무단으로 무선랜이 접속하는 것을 막을 수 있다.
②	SSID 구성	• 제조사 이름을 추측할 수 있는 SSID 이름으로 설정하면 취약점을 발견했을 때 공격받기 쉽다. • SSID를 추측하기 쉬운 이름으로 설정하면 제삼자에게 무단으로 이용당할 위험이 있다.	SSID를 추측하기 어려운 이름으로 설정한다.	SSID를 추측하기 어려운 이름으로 설정하여 제삼자가 무단으로 이용하는 것을 방지할 수 있다.
③	액세스 포인트에 접속하는 기기 설정	액세스 포인트가 제삼자에게 무단으로 이용당할 위험이 있다.	• 액세스 포인트에 접속할 수 있는 기기를 제한한다. • 동일한 액세스 포인트의 무선 네트워크에 접속하는 기기 간에 통신을 차단한다.	• 액세스 포인트에 등록된 기기만 접속하도록 제한하여, 등록한 기기에만 접속 허용하고 등록되지 않은 기기에서는 접속을 허용하지 않는다. • 동일한 액세스 포인트에서 다른 기기에서 접속되는 것을 막는다.

7.3.3 암호화 대책 3: 서버 대책

서버에는 고객의 개인 정보나 거래처와 공유한 정보 등 중요한 기밀 데이터가 많이 저장되어 있습니다. 지금까지는 내부에서 부정으로 반출하는 위협 대책을 중심으로 검토했지만, 최근 외부에서 발생하는 표적 공격에 대한 대책도 필요해지는 등 더욱 견고한 방식으로 대책 검토를 해야 합니다.

보안 대책의 구현 기능이 데이터 암호화뿐일 때는 내부의 악의적인 사용자가 OS 권한을 가진 ID를 입수하여 쉽게 복호화가 가능하며 정보 유출로 이어집니다. 따라서 추가적인 대책으로 다음 기능을 가진 도구를 도입할 것을 검토합니다.

- 서버에서 파일을 복사 방지하여 복사할 수 없게 합니다.
- USB 메모리 같은 이동식 디스크로 복사하는 것을 제한합니다.

7.3.4 암호화 대책 4: 사람 및 규칙에 대한 내부 대책

사람 및 규칙에 대한 내부 대책은 사내 인원이 외부에 기밀 데이터를 유출하려고 할 때 내부에서 외부로 정보가 유출되지 않도록 하는 대책입니다.

예를 들어 직원이 거래처나 관련 부서 등 자신의 사무실 외의 장소(이후 외부로 표기)에 기밀 정보를 포함한 데이터를 가져가는 경우를 가정해 봅시다. 일반적으로 외부로 데이터를 가져갈 때는 기밀 정보를 관리하는 책임자에게 기밀 데이터 반출 허가를 받은 후 반출할 수 있도록 규칙을 정합니다. 하지만 기밀 데이터를 저장하는 PC나 외부 저장 장치(USB, DVD, 자기 테이프 등)에 암호화되지 않은 데이터를 저장하고 PC나 외부 저장 장치를 분실했을 때는 제삼자에게 정보가 유출되어 악용될 위험이 있습니다.

이와 같은 위험을 방지하려면 PC나 외부 저장 장치에 기밀 데이터를 저장할 때 데이터를 암호화하고, PC나 외부 저장 장치에도 비밀번호를 설정하는 등 제삼자에게 쉽게 정보가 누설되지 않도록 하는 방식을 검토해야 합니다.

또 회사가 아닌 거래처에 이메일로 첨부 파일을 보낼 때는 비밀번호를 설정한 암호화 파일을 보내는 등 쉽게 확인하지 못하는 방식으로 첨부 파일을 변환하여 전송해야 합니다. 나아가 암호화를 해제하는 비밀번호를 별도의 이메일로 나누어 전송하는 등 규칙을 정하고 조직 전체에 적용한다면 정보가 유출되는 위험을 줄일 수 있습니다.

이와 같이 정보 유출을 방지하려면 외부 공격에 대한 보안 대책뿐만 아니라 내부에서 외부로 기밀 데이터 유출에 대한 보안 대책도 검토해야 합니다.

7.4 통신 제어

'통신 제어'와 관련하여 예상되는 위협으로는 다음 두 가지가 있습니다.

- 외부에서 부정 침입하여 시스템 파괴 및 데이터 유출
- 대량의 접속 요청으로 DoS 공격[6]

표 7-9에 앞과 같은 위협을 피하려면 어떤 대책을 세우면 좋을지 정리했습니다.

▼ 표 7-9 통신 제어 관련 위협과 대책

No	대책 항목	대상	예상되는 위협
①	방화벽/WAF[7]로 통신 제어	• 외부에서 부정 침입하여 시스템 파괴 • TCP/IP 수준의 통신 제어	외부 침입으로 시스템 파괴와 데이터 유출
②	IDS[8], IPS[9]로 시스템 방어	통신 경로	대량 접속으로 DoS 공격

IDS와 IPS는 7.5절에서 살펴보고, 다음으로 방화벽과 웹 방화벽을 살펴보겠습니다.

1. 방화벽

방화벽(firewall)은 내부와 외부 네트워크 간 통신을 제어하는 기능으로 인터넷에서 일어나는 공격을 방어하는 데 필수적인 보안 장치입니다. 따라서 방화벽을 제대로 운영하려면 네트워크와 운영을 적절하게 설계해야 합니다.

고기능을 제공하는 방화벽에서는 네트워크 계층에 내부 네트워크(보안 구역)와 외부 네트워크(인터넷) 외에 DMZ(DeMilitarized Zone)라는 내부와 외부 어디에도 속하지 않는 구역을 두고, 이 세 구역에서 지켜야 하는 리소스의 영향을 고려하여 보안 정책을 결정합니다.

---

6 DoS 공격(Denial of Service attack)은 공격 목표 웹 사이트나 서버에 대량의 데이터를 보내고 부하를 견딜 수 없게 된 서버가 다운되는 것을 노린 사이버 공격입니다.

7 역주 WAF(Web Application Firewall)는 일반적인 네트워크 방화벽(firewall)과 달리 웹 애플리케이션 보안에 특화되어 개발된 방화벽으로 웹 방화벽이라고도 합니다.

8 IDS(Intrusion Detection System)는 침입 탐지 시스템입니다.

9 IPS(Intrusion Prevention System)는 침입 방지 시스템입니다.

내 · 외부 네트워크에서는 DMZ에 접속할 수 있지만, DMZ에서는 외부 네트워크에만 접속할 수 있습니다. 즉, DMZ에서는 내부 네트워크에 접속할 수 없으므로 DMZ에 배치된 서버에 침입하더라도 더 중요한 리소스를 가진 내부 네트워크를 보호할 수 있습니다.

예를 들어 개인 정보나 기밀 정보를 보유한 시스템은 방화벽에서 통신을 제어하여 신뢰할 수 없는 인터넷이라면 직접 내부 네트워크에 접속할 수 없게 합니다. 인터넷에 공개하는 서버는 주로 신뢰할 수 없는 인터넷과 내부 네트워크 중간에 위치한 DMZ에 구성합니다. 일반적으로 DMZ에는 웹 서버, 메일 서버, DNS 서버 등 침입에도 비교적 영향이 적은 서버를 공개합니다.

또 서버를 유지보수하는 용도로 내부 네트워크에서 DMZ에 접속해야 한다면 정해진 네트워크나 단말기에서만 DMZ에 배치된 서버 접속을 허용하는 등 유지보수 정책에 따라 보안 정책을 검토해야 합니다. 하지만 DMZ는 보안 수준이 낮은 구역이므로 충분한 주의가 필요합니다.

방화벽을 구성하여 '외부 ⇔ DMZ ⇔ 내부' 통신을 제어하는 예는 그림 7-11과 같습니다.

▼ 그림 7-11 방화벽을 이용한 통신 제어

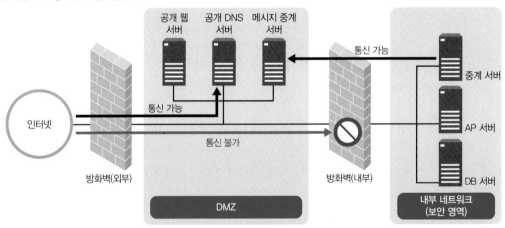

2. WAF

방화벽 외에도 웹 방화벽(Web Application Firewall, WAF)이라는 웹 애플리케이션에 특화된 통신을 제어하는 보안 장치가 있습니다. 일반 방화벽과 WAF는 보호하는 계층 범위에서 차이가 납니다. 방화벽은 OS, 네트워크(TCP/IP 헤더에 포함된 각종 정보 등)에 따라 통신을 제어하는 반면, WAF는 상위 계층의 웹 애플리케이션에 특화된 부분(HTTP 요청 등에 포함된 정보)에 따라 제어합니다.

WAF 장점은 도입이 쉽고 방화벽, IPS 등에서 막을 수 없는 웹 애플리케이션의 보안 취약점을 이용한 공격(SQL 인젝션, 크로스사이트 스크립팅, 파라미터 변조 등)을 막을 수 있다는 것입니다.

SQL 인젝션을 예로 들어 살펴보면, SQL 인젝션은 웹 애플리케이션에서 입력을 악용하여 애플리케이션 뒷단에서 동작하는 데이터베이스에 부정하게 접속하는 공격입니다. 사용자의 데이터베이스 작업을 제한하거나 애플리케이션에 입력하는 값을 부정하게 조작하여 SQL문 내용을 자유롭게 바꿀 수 있습니다. 원래는 데이터 조회밖에 할 수 없는데, 데이터를 수정할 수 있게 되면 의도하지 않게 정보가 변조되거나 삭제될 수 있습니다.

WAF는 SQL 인젝션처럼 외부에서 데이터베이스에 부정하게 접속하는 공격을 막고 싶을 때 효과적입니다.

방화벽, IPS, WAF가 일으키는 보안 취약점 대책 예는 그림 7-12와 같습니다.

▼ 그림 7-12 방화벽, IPS, WAF의 보안 취약점 대책

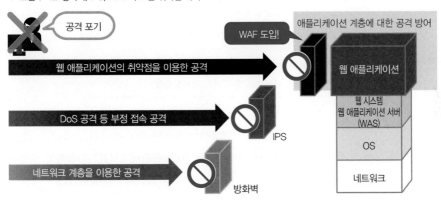

7.5 모니터링 및 감사

'모니터링 및 감사'에서 예상되는 위협으로는 다음 예가 있습니다.

- 정보 시스템에 대한 부정 행위
- 침입자의 부정 접속

정보 시스템에 대한 부정 행위는 발각된 후 시스템에서 대책을 강구해도 대부분 효과를 거두지 못하므로 사전에 '언제, 누가, 어디서, 무엇을 했는가'라는 정보를 로그로 남기도록 대책을 세워야 합니다.

PC, 서버, 미들웨어, 애플리케이션, 통신 시스템에는 나중에 조사할 수 있는 로그라는 기록이 있습니다. 로그를 기록하는 대상으로 OS, 애플리케이션, 통신 기기 등이 있으며, 로그 종류도 다양합니다.

각 대상 장치와 로그 종류는 표 7-10과 같습니다.

▼ 표 7-10 각 대상 장치와 로그 종류

No	대상 장치	대상 소프트웨어	로그 종류
①	PC, 스마트폰	OS	인증 로그, 사용 기록, 에러 로그
		애플리케이션	인증 로그, 사용 기록, 에러 로그
②	서버	OS	인증 로그, 사용 기록, 에러 로그, 시스템 로그
		미들웨어	인증 로그, 사용 기록, 액세스 로그, 에러 로그
		애플리케이션	인증 로그, 사용 기록, 액세스 로그, 에러 로그
③	통신 기기	–	사용 기록, 통신 기록, 액세스 로그

시스템에 대한 접근 기록인 '인증 로그'나 '액세스 로그', 기능 조작에 관한 기록인 '사용 기록'이 있으면 부정 접근이나 부정 조작이 발각되었을 때 언제, 누가, 어느 시간에 어디를 접속하고 무엇을 했는지 나중에 추적할 수 있으므로, 시스템에서 로그를 남겨 두는 것이 매우 중요합니다.

인증 로그, 액세스 로그를 참조하여 부정 접속을 확인하거나 사용 기록 로그를 조사해서 부정 조작이 있었는지 확인할 수 있습니다. 시스템에서는 모든 로그를 남기는 것이 바람직하지만 로그의 데이터양이 방대해지므로 시스템에서 모든 데이터를 관리할 수 없습니다. 따라서 어떤 목적으로 로그를 남길지, 부정 조작이 발생할 때 사용자를 특정하려면 어떤 데이터를 남겨야 할지(사용자 ID나 조작 이력을 남기는 등) 고려하여 모니터링 대상을 정리해야 합니다.

또 장기간 로그를 확인하지 않으면 부정 조작을 파악하지 못할 수 있으므로 어느 시점에 로그를 확인하고 분석해야 할지도 검토하고 예상되는 위험이 최대한 발생하지 않도록 하는 것이 모니터링과 감사를 수행하는 데 중요한 요소입니다.

참고로 모니터링 및 감사를 수행하고자 남겨야 하는 로그 정보는 다음과 같습니다.

남겨야 하는 로그 정보

- 사용자 ID
- 로그온, 로그오프 시간 및 성공, 실패 기록
- 프로그램 실행 기록(프로그램 실행 및 종료)
- 시스템 접속 정보(URL 등)
- 작업 내용(사용자, 운영자 작업 기록 등)
- 통신 기기 로그(방화벽, 침입 탐지 시스템(IDS) 등 기록)

이 절 전반부에서는 시스템 사용자의 부정 조작에 대한 대책으로 로그 모니터링의 중요성을 살펴보았습니다. 다음으로는 시스템에 부정 침입했을 때는 무엇을 검토해야 하는지 살펴보겠습니다.

관리자처럼 특별한 권한을 가진 사용자(administrator 등)가 악의를 품고 시스템에 침입하면 중요한 증적 자료인 로그도 변조할 수 있습니다.

따라서 다음 방법을 검토해야 합니다.

- 정기적으로 로그인을 시도하는 로그를 확인하여 부정한 작업은 하고 있지 않은지 등을 확인합니다.
- 일정 기간의 접속 로그를 분석하여 부정 접속 징후를 확인하고 부정 접속은 없는지 등을 확인합니다.

하지만 이를 실시간으로 실천하려면 담당자가 상시 확인해야 하므로 많은 노력과 인적 리소스가 필요합니다. 그래서 최근에는 침입 탐지 시스템(Intrusion Detection System, IDS)이나 침입 방지 시스템(Intrusion Prevention System, IPS) 등 부정 접속 확인을 지원하는 솔루션이 나오고 있습니다.

침입 탐지 시스템은 부정 접속이나 서버 침입을 감지하는 기능만 제공하지만, 침입 방지 시스템은 부정 접속을 감지하는 기능에 추가적으로 부정 접속을 감지한 후 네트워크 트래픽을 차단하는 등 대응 기능까지 제공합니다.

IDS와 IPS 특징은 표 7-11에 정리했습니다. 표 7-11에서 IDS와 IPS 효과 부분을 보면, IPS를 도입하는 것이 더 좋다고 생각할 수 있습니다. 하지만 IDS와 IPS는 도입하는 과정에서 차이가 있습니다.

No	시스템 이름	주요 기능	특징	효과
①	IDS	포트를 감시하고 침입을 탐지하는 기능을 제공하며, 방어 조치는 하지 않는다.	• 네트워크형 포트를 감시하고 침입을 탐지하고자 네트워크에 설치하므로 도입하기 쉽다.	네트워크 패킷을 모니터링하여 부정 접속을 감지할 수 있다.
			• 호스트형 서버에 IDS 소프트웨어 설치가 필요하며, 도입 대상 서버가 많으면 비용이 늘어난다.	서버의 로그 파일이 변조되는 것을 모니터링하여 비정상적인 행동을 감지할 수 있다.
②	IPS	침입 탐지 후 실시간으로 방어 조치를 한다.	• IDS와 동일한 기능을 가지며, 등록된 공격 패턴에 따라 통신을 허가 또는 차단하고자 외부 네트워크와 내부 시스템 경로 사이에 설치된다. • 기존 시스템에 도입할 때는 IDS처럼 네트워크를 정지시키지 않고 도입할 수 있는 방식이 다르다. 경로 사이에 설치하는 방식으로 도입하므로 네트워크를 확실하게 중단해야 하며, 이에 따른 영향도가 발생한다.	IDS 기능 이외에 부정 접속을 감지하면 시스템 관리자에게 감지를 통보할 뿐만 아니라 트래픽을 차단하는 등 실시간으로 대응한다.

IDS는 통신을 모니터링하는 것뿐이므로 네트워크 스위치에 연결만 하면 쉽게 설치할 수 있습니다. 하지만 IPS는 부정한 통신을 감지한 후 시스템을 방어해야 하므로 외부와 내부 네트워크 통신 사이에 끼우는 방식으로 설치해야 합니다. 따라서 다양한 고려 사항과 검토 사항이 발생합니다. IDS와 IPS의 역할 차이는 그림 7-13과 같습니다.

▼ 그림 7-13 IDS와 IPS 역할

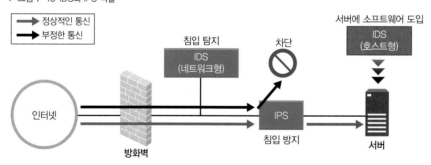

방화벽으로 막을 수 없는 DoS 공격처럼 부정 접속이 증가하는 현상이 확인되면 IDS나 IPS를 도입하여 부정 접속을 감지하거나 부정 접속이 발생할 때 대응할 수 있는 방안을 검토해야 합니다. IDS나 IPS 중 어느 쪽을 도입해야 하는지 시스템 특성과 설치까지 과정을 고려하여 결정해야 합니다.

이외에도 여러 보안 기능을 하나로 통합하여 관리할 수 있는 통합 위협 관리 시스템(Unified Threat Management, UTM)이라는 솔루션도 있습니다. UTM 1대로 웹 필터링, 안티 바이러스, 안티 스팸, IDS/IPS, 방화벽 등 여러 기능을 제공하므로 인터넷을 이용한 외부 위협과 인트라넷을 이용한 내부 위협을 막을 수 있습니다.

❤ 그림 7-14 UTM(통합 위협 관리 시스템)

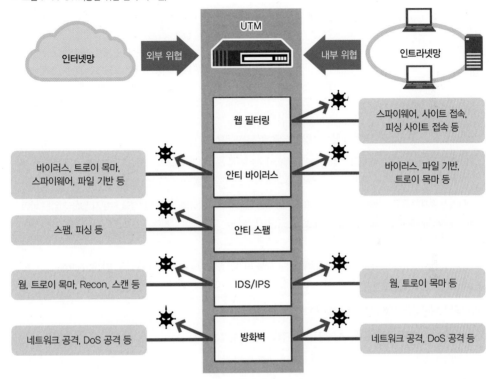

UTM이 다양한 위협을 방지하는 예는 그림 7-14와 같습니다.

UTM은 여러 보안 기능이 통합되어 있으며, 표 7-12에 장단점이 있습니다.

UTM은 관리와 비용 측면에서 장점이 있습니다. 하지만 다른 한편으로 방화벽, IDS/IPS 같은 개별 장비가 더 최신의 보안 대책을 지원하는 경우가 있습니다. 따라서 보안 요구사항에 따라 개별 장비를 조합하여 구성하는 것이 더 좋은 방법일 수도 있습니다. 어떻게 구성할지 검토할 때는 보안 요구사항을 확인하면서 검토해야 최적의 보안 대책을 세울 수 있습니다.

▼ 표 7-12 UTM 특징

주요 기능	장점	단점
• 웹 필터링 • 안티 바이러스 • 안티 스팸 • IDS/IPS • 방화벽	• 여러 보안 기능을 한 장비에서 통합적으로 관리할 수 있으므로 구축 및 유지 비용이 저렴하다. • 1대로 모든 보안 기능을 제공하므로 관리 부하가 낮아진다. • 문제가 발생했을 때 장애 원인을 구분하기 쉽다.	• 각 보안 기능을 장비 1대로 제공하므로 성능 저하가 발생하기 쉽다. • 1대로 모든 보안 기능을 수행하므로 UTM이 작동하지 않으면 정보 유출 사고가 발생할 수 있다. • 임의의 솔루션과 자유롭게 조합해서 사용할 수 없다. • IDS/IPS, 방화벽 등 개별 솔루션에 비하여 새로운 기능 반영이 느리므로 최신의 보안에 대한 지원이 늦어질 수 있다.

column ☰　　**바이러스 대책을 수립하지 않았을 때 발생하는 리스크**

최근 많은 일본 기업에서 바이러스 검사 소프트웨어나 서비스를 도입하고 있습니다. 중소기업(300명 이하 회사)에서 바이러스 검사 소프트웨어 도입률은 약 78%나 됩니다('정보 보안 백서 2018(IPA)' 참고).

바이러스 검사 소프트웨어가 정보 보안의 가장 기본적인 대책이라고 한다면 충분히 대책을 세우지 않은 기업은 바이러스 검사 소프트웨어 필요성을 이해하지 못하는 것인지, 비용이 드는 것에 비하여 효과를 기대할 수 없다고 느끼는 것인지, 어쨌든 의문입니다.

바이러스 검사 소프트웨어를 도입하지 않았을 경우 다음 위험이 발생합니다. 사회적 손실이 발생할 가능성이 있다는 것을 충분히 이해하고 재차 바이러스 검사 소프트웨어를 검토해야 합니다.

바이러스 검사 소프트웨어 대책을 수립하지 않았을 때 리스크

• 서버에 악성 프로그램이 실행되면 예상치 못한 정보 유출이 발생합니다.

• 서버 정보가 변조된 경우 일반 사용자에게 공격을 가할 수 있습니다.

• 서버가 바이러스에 감염되면 발판이 되어 내부 서버를 공격하고, 그 결과 외부에서 접속할 수 없는 서버까지도 정보가 유출됩니다.

• 서버가 바이러스에 감염되면 일반 사용자에게도 바이러스가 확산되어 대외적으로 뉴스나 신문 등에 알려야 할 정도의 중대한 사고가 발생합니다.

7.6 / 보안 리스크 관리

보안 대책을 완벽하게 실시할 수 있는 방안은 존재하지 않습니다. 그리고 보안 대책 자체는 이익을 창출하지 않으므로 기업 경영 관점에서 필요하다고 인식하더라도 실제로는 실시하지 않은 채 방치되기 쉽습니다. 제대로 보안 대책을 세우는 것이 보안 사고로 일어나는 피해를 줄일 수 있는 것은 사실입니다. 하지만 조직이 어떤 프로세스로 보안 대책을 수행해야 할지 잘 알지 못하여 지침이 필요한 경우도 많습니다.

그래서 조직이 현실적으로 대처할 수 있도록 정보 보안을 도입할 수 있는 정책과 대책 기준을 체계적으로 세우고 정보 자산의 안전성을 확보하는 정보 보안 관리 시스템(Information Security Management System, ISMS)을 도입해야 합니다. ISMS는 경영진을 정점으로 하여 기술적, 물리적, 인적, 조직적 대책을 포함한 대처 방법입니다.

보안 대책은 한 번 수행하면 끝나는 것이 아니라 환경 변화에 따라 지속적으로 검토하고 개선해야 합니다.

한편 정보 보안 측면에서 보안 위협은 다음 취약점을 만나면 사고로 이어집니다.

- 시스템 내부에 숨은 결함(버그)
- 네트워크 환경의 적절한 방어 결여, 미비

일반적으로 정보 시스템은 가동을 시작하고 나서 몇 년이 지나면 정보 보안의 허점이 생기거나 컴퓨터 바이러스에 감염되는 등 다양한 취약점이 발생합니다. 가동 이후 시스템을 개선하지 않고 그대로 방치한 채 계속 사용하면 매일 변화하는 보안 위협에 대응할 수 없으므로 매우 위험한 리스크에 노출되고 있다는 의미입니다.

취약점은 시스템 내부에 숨겨진 결함으로 '보안 취약점'이라고도 합니다. 그 결함을 이용하여 PC나 서버에 침입하거나 바이러스를 심을 수 있으며 보안 사고로 발전할 수 있습니다.

클라이언트 PC의 취약점 예는 그림 7-15와 같습니다.

▼ 그림 7-15 클라이언트 PC 취약점

클라이언트 소프트웨어를 업데이트하지 않았을 경우

대응하고 있는 PC

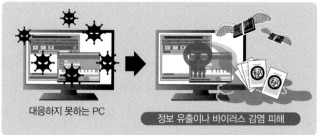

대응하지 못하는 PC

정보 유출이나 바이러스 감염 피해

특정 보안 소프트웨어를 사용하거나 보안 대책을 수행하더라도 취약점을 방치하면 정보 유출이나 시스템에 영향을 미칠 위험이 증가하고 보안 대책을 세운 의미가 퇴색합니다. 따라서 현재 어떤 취약점이 있는지, 새로운 취약점은 발견되지 않았는지 정기적으로 확인하고 OS나 소프트웨어 패치를 최신 상태로 업데이트하는 등 조치를 취해서 보안 사고를 미연에 방지할 수 있습니다.

이런 취약점에 대한 대책을 수행하여 소문이 퍼져 발생한 피해, 손해 배상 부담, 신용도 하락, 기회 손실 등 2차 피해를 미연에 방지할 수 있으므로 보안 리스크를 관리하는 것은 매우 중요합니다.

7.7 / 바이러스 및 멀웨어 대책

INFRA ENGINEER

바이러스 및 멀웨어에 대해 좀 더 자세히 살펴보겠습니다.

바이러스는 프로그램 일부를 변조하여 자기 증식하는 멀웨어입니다. 즉, 멀웨어는 시스템에 해를 입히는 소프트웨어를 총칭한 말이며, 바이러스를 포함하는 더 넓은 개념입니다.

바이러스는 단독으로 존재하지 못하고 기존 프로그램 일부를 변조하는 특징이 있습니다. 자기 복제하는 모습이 질병과 비슷하여 바이러스라는 명칭으로 사용합니다.

이외에도 멀웨어의 하나로 바이러스와 비슷하지만 단독으로 생존 가능하고, 자기 증식하는 '웜'이라는 것도 있습니다. 또 이미지 파일이나 문서 파일, 스마트폰 앱 등으로 위장하여 컴퓨터 내부에 침입해서 외부 명령에 따라 단말기를 자유자재로 조정하는 '트로이 목마'라는 멀웨어도 있습니다.

멀웨어, 바이러스, 웜, 트로이 목마의 관계는 그림 7-16과 같습니다.

▼ 그림 7-16 멀웨어와 바이러스의 관계

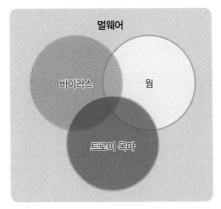

1. 멀웨어 감염 경로

여기에서는 멀웨어가 어떤 경로로 감염되는지 살펴보겠습니다.

멀웨어 감염 경로는 현재 다음 세 가지가 대부분을 차지합니다.

- **이메일**

  이메일 첨부 파일의 확장자를 위장하거나 엑셀 매크로에 멀웨어를 심는 예가 있습니다.

- **인터넷**

  멀웨어가 포함된 웹 페이지를 방문하면 사용자 모르게 멀웨어를 내려받아 실행시킴으로써 감염됩니다.

- **USB 메모리**

  USB 메모리는 데이터를 이동하거나 저장할 때 편리하므로 현재도 다양한 용도로 이용됩니다. 하지만 그 편리함을 이용하여 멀웨어가 침입합니다. USB 메모리에 악성 프로그램을 실행하는 명령을 심어 다른 컴퓨터에 연결하면 USB 메모리의 자동 실행 기능으로 미리 심은 악성 프로그램을 실행해서 차례로 연쇄 감염을 일으키는 경우도 있습니다.

2. 멀웨어 감염 대책

멀웨어 감염을 방지하려면 다음 항목을 검토해야 합니다.

(1) 멀웨어 대책 범위를 명확히 합니다.

(2) 멀웨어 검사 소프트웨어를 도입하여 관리합니다.

(3) 멀웨어 감염 확산 피해를 고려하여 대책을 세웁니다.

(4) 정기적으로 멀웨어 검사를 실시합니다.

(5) 멀웨어에 감염되었을 때 대응을 대비합니다.

다음으로 각 검토 항목을 상세히 살펴보겠습니다.

(1) 멀웨어 대책 범위를 명확히 합니다

멀웨어 대책을 세우려면 도입 지점을 명확하게 해야 합니다. 멀웨어는 주로 인터넷이나 이메일 등으로 감염되는 경우가 많으므로 아예 감염 경로 입구에서 차단하는 것이 멀웨어 감염 확산을 막는 데 효과적입니다.

구체적으로는 PC나 스마트폰 등 인터넷 환경에 접속되는 단말기나 인터넷에 접속하는 게이트웨이 장비, 서버에 멀웨어 대책을 수행합니다.

웹 시스템에서 사용하는 서버는 인터넷에 접속하여 데이터를 주고받거나 이메일을 다루는 기능을 가지기도 합니다. 이런 서버가 악성 프로그램 실행이나 멀웨어에 감염되지 않도록 대책을 세워야 합니다.

서버가 윈도 계열 OS를 사용한다면 멀웨어에 감염되기 쉬우므로 패턴 파일을 항상 최신화하고 멀웨어 검사를 수행하는 것도 함께 검토해야 합니다.

멀웨어 감염 확률이 낮은 유닉스 계열의 OS를 사용하고 있더라도 클라이언트에서 임의의 바이너리 파일을 유닉스 계열 서버에 업로드하는 등 업무를 할 때는 해당 파일에서 멀웨어 검사를 하는 것이 피해를 방지하는 바람직한 방법입니다.

암호화 통신을 할 때는 멀웨어를 감지하지 못하는 제약이 있으므로 다른 지점에서 멀웨어에 대한 대책을 세울 수 있는지 검토합니다.

(2) 멀웨어 검사 소프트웨어를 도입하여 관리합니다

멀웨어는 나날이 발전하고 있으며 멀웨어 검사 소프트웨어는 필수적으로 도입해야 합니다. 또 멀웨어 검사 소프트웨어를 도입했어도 새로운 멀웨어에 대응하려면 항상 패턴 파일을 최신 상태로 업데이트해야 합니다. 패턴 파일에는 멀웨어 파일이 갖는 특징이 기술되어 있습니다. 멀웨어를 스캔할 때는 개별 파일과 패턴 파일에 등록된 데이터를 비교하여 결과가 일치한다고 감지하면 멀웨어로 판정합니다. 최신 버전으로 업데이트해서 새로운 멀웨어에 대응할 수 있으므로 대책을 세울 수 있습니다.

시스템 사용자가 많은 조직에서는 멀웨어 감염이 확산될 위험이 있으므로 멀웨어 검사 소프트웨어의 패턴 파일이 최신 상태로 운영되는지 정기적으로 점검해야 합니다. 이 점검 활동을 수행하여 멀웨어 감염 피해를 억제하는 데 효과가 있습니다.

또 사내 시스템 등 인터넷에 직접 접속하지 않은 서버에서는 패턴 파일을 적용하는 방법도 검토해야 합니다.

(3) 멀웨어 감염 확산 피해를 고려하여 대책을 세웁니다

멀웨어에 감염되면 자기 단말기를 공격하거나 다른 단말기를 감염시킵니다. OS, 애플리케이션의 결함이나 취약점 같은 보안 취약점을 막음으로써 멀웨어에 감염되었다고 해도 피해를 최소화할 수 있습니다.

구체적인 대응 방법으로는 OS나 애플리케이션 등 소프트웨어를 항상 최신 버전으로 유지하는 것입니다. 사전에 보안 취약점에 대한 대책을 세움으로써 보안 취약점을 이용하여 공격하는 멀웨어에 감염되었더라도 피해를 최소화할 수 있습니다. 또 보안 취약점을 이용하여 다른 단말기에 멀웨어 감염을 확산시키는 특징이 있는 멀웨어가 있어도 확산 피해를 방지할 수 있습니다.

단 소프트웨어 버전을 최신으로 업데이트할 경우 실행 중인 애플리케이션 영향도 테스트해야 하므로 실제 운영이 결코 쉽지는 않습니다. 따라서 어떤 주기(반년에 한 번 등)로 업데이트할지 결정하고, 설계 단계에서 운영 규칙으로 정해야 합니다.

(4) 정기적으로 멀웨어 검사를 실시합니다

멀웨어를 감지하려면 정기적으로 멀웨어 검사를 해야 합니다. 패턴 파일을 최신 상태로 업데이트하고 있더라도 멀웨어 검사를 수행하지 않으면 멀웨어를 감지할 수 없습니다. 특히 사용자가 많은 조직에서 멀웨어에 감염된 감염 확산 피해를 최소화하려면 신속한 대응이 필요합니다. 새로운 멀웨어 감지에 대응하려면 패턴 파일을 업데이트한 후 멀웨어 검사를 수행하는 것도 중요하지만, 정상적으로 운영할 때도 짧은 주기로 주기적으로 멀웨어 검사를 하는 정책을 검토해야 합니다.

멀웨어 검사는 주문형 검사(on-demand scan)와 실시간 검사(on-access scan) 두 종류가 있습니다. 주문형 검사는 수동으로 실행되며 드라이브, 폴더 등을 지정하여 검색하는 방식입니다. 멀웨어 검사 소프트웨어의 종류에 따라서는 전체 검사라고도 합니다.

실시간 검사는 파일을 열거나 저장, 실행할 때 실시간으로 멀웨어를 검사하는 방식입니다.

일반적으로는 실시간 검사를 항상 활성화하고 정기적으로(예를 들어 주 1회) 주문형 검사를 수행해야 합니다. 주문형 검사는 스캔하는 대상 파일 수나 데이터 크기에 따라 검사에 시간이 걸리고 장비 성능에 영향을 줄 수 있으므로 언제 수행할지 정책을 마련하고 검토하는 것이 중요합니다.

(5) 멀웨어에 감염되었을 때 대응을 대비합니다

단말기에 멀웨어 검사 소프트웨어를 도입하면 멀웨어가 감염되었는지 확인할 수 있지만, 사람이 많은 조직에서 사용하는 단말기라면 멀웨어에 감염되었을 때 가급적 신속하게 2차 감염을 막는 방법을 강구해야 합니다. 참고로 '멀웨어 프로그램이 검출되었을 때 대응 절차 예'를 다음에 정리해 놓았습니다. 2차 피해가 확산되는 것을 방지하려면 연락처와 대응 절차를 사전에 정리하고 관계자에게 주지시켜야 합니다.

멀웨어 프로그램이 검출되었을 때 대응 절차 예

(1) PC에서 LAN 케이블을 뽑아 인터넷과 연결을 끊습니다. 또는 무선랜 스위치를 끕니다.

(2) 현재 상황을 확인하고 저장합니다(로그나 디스크 이미지의 증적 자료를 보관합니다).

(3) 멀웨어의 패턴 파일을 최신 파일로 업데이트합니다.

(4) 멀웨어의 패턴 파일이 최신인 상태에서 멀웨어 검사를 수행합니다.

(5) 발견된 멀웨어를 삭제하고 감염 원인인 파일이나 이메일도 삭제합니다.

(6) 멀웨어를 치료할 수 없는 경우 단말기를 초기 상태로 하는 등 대응을 검토합니다.

(7) 멀웨어 감염이 있는 경우에는 소속된 조직의 장이나 정보 관리 책임자에게 보고합니다.

3. 멀웨어 검사 소프트웨어가 효과 없는 경우

여기까지 멀웨어 검사 소프트웨어를 중심으로 한 대책을 살펴보았는데, 보안 솔루션이나 멀웨어 검사 소프트웨어가 효과가 없는 예도 살펴보겠습니다.

피싱 메일이라고 하는 것으로, 마치 올바른 발신자인 것처럼 거짓 이메일을 상대방에게 보내고 이메일을 받은 사용자가 첨부된 파일을 열면 멀웨어에 감염되는 경우입니다. 이 경우 멀웨어 검사 소프트웨어나 다른 보안 솔루션을 도입해도 감지하지 못하고 마치 정당한 것으로 간주합니다. 또 보안 솔루션(안티멀웨어 소프트웨어 포함) 기능으로도 감지하지 못하여 막을 수 없는 경우도 있습니다.

보안 솔루션이나 안티멀웨어 소프트웨어에서 대책을 세울 수 없는 예는 그림 7-17과 같습니다.

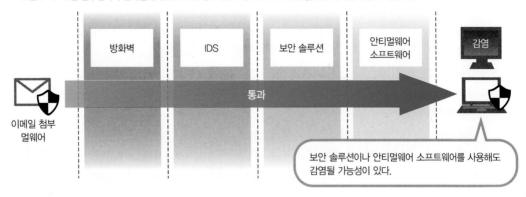

✔ 그림 7-17 보안 솔루션이나 안티멀웨어 소프트웨어(바이러스 검사 소프트웨어 등)로는 대책을 세울 수 없는 예

보안 솔루션에 의존한 멀웨어 대책은 특수한 경우에서는 만전을 기할 수 없을 수도 있습니다. 따라서 멀웨어 검사 소프트웨어나 검사 서비스, 기타 보안 솔루션에만 의존하지 말고 사람의 대응이 필요할 수도 있습니다. 조직 규모에 맞추어 멀웨어 감염 피해가 확대되지 않도록 어떻게 할 것인지 개별 대응도 검토해야 합니다.

구체적으로는 수신자 측에서 다음 내용을 검토하고 사용자에게 알려 멀웨어 감염 확산을 막기 위한 의식을 갖게 하는 것도 중요합니다. 2차 피해 확대를 방지하는 대책은 사람에게 의존해야 하므로 만전을 기했다고 할 수 없는 부분도 있지만, 사전에 주지함으로써 멀웨어 감염 피해를 방지하는 효과를 적지 않게 기대할 수 있습니다.

이메일 수신자의 대응책

- 수신한 이메일의 첨부 파일은 주의하고 쉽게 열지 않습니다.
- 모르는 발신자나 알 수 없는 영문 제목의 이메일은 주의합니다.
- 발신자가 지인이라도 첨부 파일이 있는 이메일은 주의합니다.

지금까지 살펴본 대책은 어느 한 대책을 수행하면 그것으로 충분하다는 의미가 아닙니다. 멀웨어는 나날이 발전하고 있으므로 감염으로 확산되는 피해를 방지하려면 보안 솔루션에만 의존하지 않고 사람과 조직의 협력, 최신 정보를 아는 노력도 필요합니다. 또 어떻게 대응해야 피해를 막을 수 있고 조직 보안을 유지할 수 있는지 정기적으로, 일일이 검토해 나간다면 정보 보안을 확보하는 데 매우 중요한 대책으로 이어질 수 있습니다.

2017년 무렵부터 맹위를 떨치고 있는 랜섬웨어라는 멀웨어 사례를 살펴보겠습니다. 2017년 5월 'WannaCry(워너 크라이)'라는 랜섬웨어 감염으로 전 세계에서 PC 12만대 이상이 피해를 입은 사례가 있습니다.

랜섬웨어는 감염된 사람의 PC에 있는 데이터를 인질로 잡고 몸값(랜섬)을 요구하는 멀웨어입니다. 인질을 잡는 방법으로 데이터를 암호화해서 읽을 수 없게 만들어 버립니다. 암호화된 데이터를 복호화할 수 있는 키(key)가 없으면 암호를 풀 수 없습니다.

복호화하는 키는 랜섬웨어를 설치한 사람이 소유하고 있습니다. 랜섬웨어를 설치한 사람은 이 점을 악용하여 몸값(랜섬)을 지불해야 암호화된 데이터를 복호화해 주겠다고 협박합니다.

랜섬웨어의 공격 대상은 PC뿐만 아니라 스마트폰까지 확대되고 있습니다. 감염 경로는 주로 이메일입니다. 랜섬웨어가 첨부된 이메일을 무심코 열어봄으로써 감염될 가능성이 있습니다.

멀웨어에 감염되어 복호화하고 싶다고 해도 몸값을 지불해서는 안 됩니다.

몸값을 지불하더라도 복호화된다는 보장이 없기 때문입니다. 또 공격자 요구로 몸값을 지불한다면 결국 몸값이 공격자의 자금원이 되고, 이는 또 다른 공격에 가담하는 꼴이 됩니다. 요구에는 응하지 않는 것이 중요합니다.

랜섬웨어에는 다음과 같이 대응하는 것이 효과적입니다.

① 랜섬웨어 감염을 방지합니다.

② 취약점을 악용할 위험을 줄입니다.

③ 랜섬웨어에 감염된 후 대응할 수 있도록 조치합니다.

①의 구체적인 예는 이상한 이메일이 오면 첨부 파일을 열지 않는 것입니다. 첨부 파일을 열지 않으면 랜섬웨어 감염을 방지할 수 있습니다.

②의 구체적인 예는 OS나 애플리케이션 등을 항상 최신 상태로 유지하여 취약점이 악용되는 위험을 방지합니다.

③의 구체적인 예는 랜섬웨어로 암호화된 데이터를 복호화하는 것이 아니라, 원래 파일을 정기적으로 백업하여 랜섬웨어가 암호화하기 전 상태로 복구하면 효과적입니다.

랜섬웨어가 데이터를 암호화했더라도 백업에서 복구하면 다시 데이터를 이용할 수 있습니다.

A.1 상용 시스템 변천 과정

1. 처음으로

예전부터 '컴퓨터 시스템은 집중과 분산을 반복한다'고 말합니다. 현재까지 한국의 사반세기[1]를 되돌아보더라도 확실히 이 말대로 트렌드가 이동해 온 것을 실감할 수 있습니다.

부록에서는 필자가 실제로 경험한 1990년대 초반부터 현재까지 컴퓨터 시스템의 변천사를 되돌아보겠습니다.

2. 집중과 분산 추이

먼저 연대별로 집중과 분산 추이와 그 변화의 계기가 된 사건을 살펴보겠습니다.

▼ 그림 A-1 집중과 분산의 추이와 큰 사건

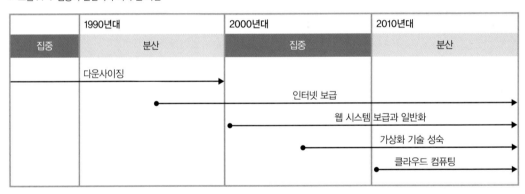

그림 A-1과 같이 컴퓨터 시스템의 트렌드는 대략 10년 주기로 분산과 집중을 반복하면서 변화합니다.

1990년대는 다운사이징(downsizing)[2]하여 매우 고가의 대형 컴퓨터를 이용한 중앙집중형에서 저가의 소형 컴퓨터를 여러 대 사용하는 분산형으로 변화했습니다.

---

1   역주 원문은 일본 시스템 환경을 설명했지만 국내 환경도 동일하여 한국으로 변경했습니다.

2   역주 기업에서 정보화 투자 비용을 절감하고자 고가의 대형 컴퓨터 의존도를 줄이고 PC 또는 중소형 서버 등 소규모 컴퓨터 여러 대를 LAN(근거리 통신망) 같은 네트워크로 연결하여 업무를 수행할 수 있게 환경을 변경하는 작업입니다.

2000년대는 인터넷이 일반화됨에 따라 서비스를 웹 시스템으로 호스팅하는 중앙집중형 시스템이 널리 보급되었습니다. 또 다운사이징으로 대량의 소형 컴퓨터를 관리하는 비용이 상승하여 그 해결책으로 가상화 기술을 사용한 소형 컴퓨터를 적극적으로 통합했습니다.

그리고 2010년대부터 현재까지 인터넷에 분산된 클라우드 서비스를 자유롭게 조합하여 사용하는 클라우드 컴퓨팅이 주목받고 있습니다.

3. 1990년대: 집중에서 분산으로(다운사이징)

1990년대 초기 컴퓨터 시스템은 메인프레임을 사용한 중앙집중형 시스템이 주류를 이루었습니다. 중앙집중형 시스템은 사용자가 화면에서 입력한 정보를 메인프레임에 전송하고, 메인프레임이 처리한 출력 결과를 화면에 표시하는 정도의 기능만 있어 고사양 PC가 필요하지 않았습니다.

메인프레임의 중앙집중형 시스템 예는 그림 A-2와 같습니다.

▼ 그림 A-2 메인프레임의 중앙집중형 시스템

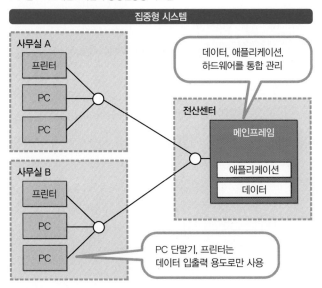

이 시대의 PC는 메인프레임과 통신하기 위해 네트워크에 연결되어 있었고 네트워크에서 설계서 등 문서를 공유하는 개념은 없었습니다. PC에서 워드프로세서나 스프레드시트로 작성한 문서를 플로피 디스크에 저장하여 바인더에 넣어 서고에서 보관하고 관리했습니다. 그리고 문서와 메인프레임의 화면 사이에 정보를 복사하고 붙여 넣는 것 같은 작업도 할 수 없었습니다.

메인프레임을 사용한 중앙집중형 시스템의 장단점은 표 A-1과 같습니다.

▼ 표 A-1 메인프레임의 중앙집중형 시스템 장단점

장점	• 데이터, 애플리케이션, 프로그램 자산, 하드웨어를 한곳에서 통합 관리할 수 있다. • 고성능으로 안정성이 뛰어나고 견고하다.
단점	• 고가다. • 업무에 따라 유연하고 신속하게 변경할 수 없다.

이런 상황에서 소형 컴퓨터의 성능이 좋아지고 가격은 낮아지는 현상이 두드러지면서 메인프레임의 중앙집중 처리 방식에서 다수의 소형 컴퓨터를 사용한 분산 처리 방식으로 전환하는 다운사이징이 진행되었습니다.

대표적인 다운사이징 시스템 형태로는 클라이언트/서버 시스템이 있습니다. 클라이언트/서버 시스템에서는 사용자가 사용하는 클라이언트 PC에서 애플리케이션이 동작하고, 데이터는 서버에 두고 클라이언트 PC와 서버는 네트워크로 연결하는 2계층 아키텍처가 주류를 이루었습니다.

클라이언트/서버 방식의 분산형 시스템 예는 그림 A-3과 같습니다.

클라이언트/서버 방식의 시스템이 보급된 주요 이유는 다음과 같습니다.

- 이더넷[3] 보급으로 소형 컴퓨터끼리 통신할 수 있게 되었습니다.
- 윈도 OS가 보급되어 GUI 기반으로 애플리케이션을 쉽게 개발할 수 있게 되었습니다.
- 팀 커뮤니케이션 방식이 네트워크에서 그룹웨어나 파일 공유 기능을 사용하여 시스템화되어 업무 효율성이 크게 향상되었습니다.

---

3 **역주** 사무실, 학교, PC방 등 LAN(근거리 통신망) 환경을 구성하는 컴퓨터 네트워크 기술입니다.

❤ 그림 A-3 클라이언트/서버 분산형 시스템

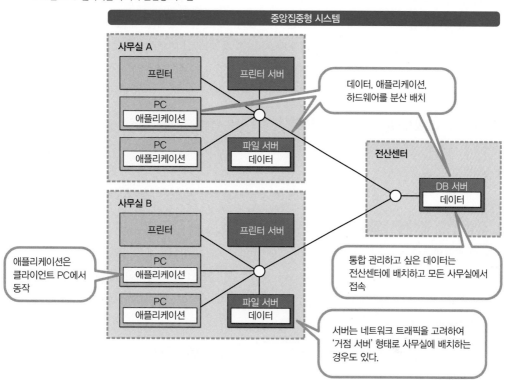

그리고 사용자가 스프레드시트의 매크로 등으로 업무를 효율화하는 프로그램을 개발하고 이용하는 최종 사용자 컴퓨팅(End-User Computing, EUC)[4]이 크게 확산된 것도 이 시기입니다.

클라이언트/서버 분산 시스템의 장단점을 표 A-2에 정리했습니다.

❤ 표 A-2 클라이언트/서버 분산형 시스템 장단점

장점	• 메인프레임에 비하여 적은 비용으로 시스템을 구축할 수 있다. • EUC로 사용자가 정형화된 업무를 자동화하는 것도 가능하여 유연성이 높다.
단점	• 많은 컴퓨터, 애플리케이션, 미들웨어를 조합하여 시스템을 구현하기에 복잡하고 장애 지점이 많아진다. • 클라이언트 PC에서 안정적으로 애플리케이션을 동작시키려면 클라이언트 PC를 관리해야 한다. • EUC로 개발된 기능이 개발자 이동이나 퇴직으로 유지보수할 수 없는 상황이 발생한다.

---

4 역주 최종 사용자 컴퓨팅이란 정보가 필요한 사람이 스스로 데이터베이스(DB)에 직접 접근하여 자신에게 필요한 정보를 얻고, 입력하거나 수정할 수 있게 한 것을 의미합니다.

다운사이징할 때는 모든 시스템을 클라이언트/서버로 마이그레이션하는 것이 아닙니다. 시스템 정지나 장애가 발생했을 때 치명적인 문제를 일으킬 수 있는 가용성 수준이 높아야 하는 기간계 업무는 기존 메인프레임에서 수행하고, 정보계 시스템[5] 등 가용성 수준이 높지 않은 시스템만 클라이언트/서버로 마이그레이션하는 형태입니다. 시스템 중요도에 따라 중앙집중형 시스템과 분산형 시스템을 구분하여 서로 공존하면서 단계적으로 전환하는 것이 좋은 방법입니다.

또 애플리케이션에서 GUI 사용, 그룹웨어나 데이터 공유 확산으로 OA 환경이 발전한 것이 다운사이징을 초래하는 데 큰 영향을 주었으며, 하나의 패러다임 전환(paradigm shift)이었다고 할 수 있습니다.

4. 2000년대 분산에서 집중으로(첫 번째: 웹 시스템화)

1990년대 후반부터 2000년 초반에 걸쳐 큰 전환점이 된 사건이 있었는데, 바로 인터넷 보급과 확산으로 초고속 인터넷 시대가 도래한 것입니다. 이것으로 기업은 외부 거래처와 인터넷으로 이메일을 교환할 수 있었고, 웹 사이트를 이용하여 홍보할 수 있었으며, 인터넷에서 웹 시스템으로 직접 전자상거래를 할 수 있었습니다.

이처럼 '인터넷으로 전자상거래를 할 수 있는 시스템'이 확산하는 데 일조했던 것이 자바 서블릿(Java Servlet)입니다.

자바는 1995년 정식으로 출시되었는데, 처음에는 자바 애플리케이션과 자바 애플릿이라는 클라이언트에서 프로그램이 동작하는 방식밖에 없어 클라이언트의 OS나 웹 브라우저와 호환성 문제로 상용 시스템으로 사용할 수 있는 수준은 아니었습니다.

그러나 2000년 전후 서블릿이 등장하면서 상황은 반전되었습니다. 애플리케이션은 서버에서 서블릿으로 동작하고, 화면 표시와 입력 작업만 클라이언트의 웹 브라우저에서 수행하는 형태로 바뀌었습니다.

이 구조를 3계층 아키텍처라고 합니다. 애플리케이션과 데이터는 전산센터에서 중앙집중식으로 관리하고, 클라이언트에는 웹 브라우저만 있으면 되는 안전하고 관리하기 쉬운 아키텍처로 현재에도 주류를 이룹니다(최근에는 클라이언트에서 자바스크립트(JavaScript)를 동작시키는 SPA(Single Page Application) 개발 방식이 트렌드로, 서버사이드에서 자바만 주로 사용하는 것은 아닙니다).

2계층 아키텍처와 3계층 아키텍처를 비교한 예는 그림 A-4와 같습니다.

5 　역주　정보계 시스템은 거래되는 데이터를 관리하는 시스템으로 수집한 데이터를 활용하여 예측, 결산, 분석, 성과 측정 등 업무를 수행합니다.

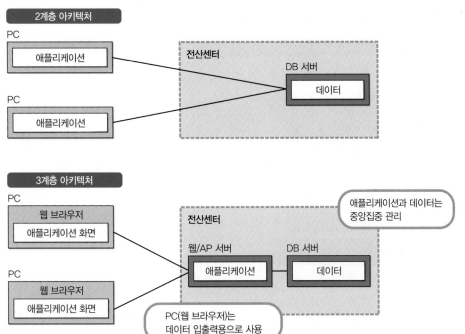

❤ 그림 A-4 2계층 아키텍처와 3계층 아키텍처 비교

그림 A-4를 보면 알 수 있듯이, 3계층 아키텍처는 부록 시작 부분에서 설명한 중앙집중형 시스템의 아키텍처 구조와 비슷합니다. 즉, 시스템 환경은 클라이언트/서버 시스템의 상태 그대로이며 애플리케이션 아키텍처는 중앙집중형으로 변화한 것입니다.

5. 2000년대 분산에서 집중으로(두 번째: 가상화 기술로 통합)

지금까지 컴퓨터의 CPU 성능은 클럭(clock) 수(주파수)를 높여 CPU 처리 속도를 향상시켰지만, 이제는 한계점에 도달하여 CPU 코어 수를 증가시켜 동시 처리 능력을 향상하는 것이 트렌드가 되었습니다.

멀티 코어 CPU 개념은 물리 서버 1대에서 가상 서버 여러 대를 동시에 가동시키는 가상화 기술과 잘 호환됩니다. 2000년대 후반 가상화 솔루션의 고가용성 기능이 제공되는 시점을 기준으로 빠르게 보급되었습니다.

A

상용 시스템 변천 과정

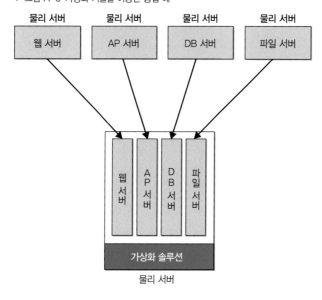

❤ 그림 A-5 가상화 기술을 이용한 통합 예

그림 A-5와 같이 가상화 장점은 물리 서버가 감소하여 시스템 비용을 절감하는 등 직접적인 장점 외에도 설치 공간, 소비 전력, 나아가 CO_2 배출량 감소 같은 환경 및 그린 IT 측면의 장점도 있습니다.

또 복수의 논리 서버로 하드웨어를 공유하기 때문에 하드웨어가 가진 성능을 최대한 활용하는 효과도 기대할 수 있습니다.

6. 클라우드 시대로

이와 같이 컴퓨터 시스템은 1990년대에 분산한 환경이 현재까지 집중되어 왔습니다.

그리고 현재 클라우드[6] 시대로 접어들면서 트렌드는 다시 분산 환경으로 향하고 있습니다.

클라우드를 활용한 시스템 개발 방식을 클라우드 컴퓨팅이라고 합니다. 이것은 클라우드에 있는 플랫폼이나 AI 서비스, 공개 API 등을 조합하여 지금까지 자사 서비스나 데이터만으로는 구현할 수 없는 기발하고 부가 가치가 높은 서비스를 만드는 방식을 의미합니다. 클라우드 서비스는 전 세계 곳곳에 배치되어 있으며, 인터넷에 연결만 하면 물리적 위치를 의식하지 않고 사용할 수 있으므로 분산형 아키텍처라고 할 수 있습니다.

---

6 인터넷 등 컴퓨터 네트워크를 이용하여 데이터나 소프트웨어를 서비스로 사용자에게 제공하는 것으로, 사용자 측은 서버를 소유할 필요가 없으며 최소한의 환경(인터넷에 접속할 수 있는 PC나 태블릿 등 단말기와 그 위에서 동작하는 웹 브라우저)만 갖춘다면 어디에서나 다양한 서비스를 이용할 수 있습니다.

그리고 클라우드는 클라이언트/서버 시스템 및 가상화 시스템을 기반으로 구축되며 성능, 확장성, 가용성에 대한 사상은 온프레미스에서 검토한 기술을 응용한 것입니다.

마지막으로 이 책에서는 기초적인 내용 위주로 정리했지만, 클라우드에서 시스템을 설계할 때도 활용할 수 있습니다. 독자 여러분에게 많은 도움이 되길 바랍니다.